QuickFamily

QuickFamily

Rezepte: Emma Jane Frost

Jedes Gericht in drei Varianten
30 Minuten | 20 Minuten | 10 Minuten

First published in Great Britain in 2012 by Hamlyn, an imprint of Octopus Publishing Group Ltd, Endeaver House, 189 Shaftesbury Avenue, London WC2H 8JY. Titel der englischen Originalausgabe: Hamlyn QuickCook: Family Meals. All rights reserved. © 2012 Octopus Publishing Group Ltd, London, GB

Für die deutsche Ausgabe: © 2012 Neuer Umschau Buchverlag GmbH, Neustadt an der Weinstraße

Rezepte: Emma Jane Frost
Übersetzung: Das Korrektiv
Lektorat: Aina Keller, Andreas Rommelspacher, Hamburg
Herstellung: Andreas Rommelspacher, Hamburg

Printed and bound in China

ISBN: 978-3-86528-765-6

Besuchen Sie uns im Internet: www.umschau-buchverlag.deAlle Rezepte gehen von den folgenden Mengenumrechnungen für Löffel-Maßangaben aus:
1 Esslöffel (Flüssigkeit oder gestrichen) = 15 ml
1 Teelöffel (Flüssigkeit oder gestrichen) = 5 mll

Bitte heizen Sie Ihren Ofen auf die angegebene Temperatur vor. Bei Heißluft- oder Umluftöfen folgen Sie bitte den Angaben des Herstellers zu Backtemperaturen und -zeiten.

Bitte verwenden Sie für die Rezepte mittelgroße Eier, sofern nicht anders angegeben. Dieses Buch enthält einige Rezepte mit rohen oder nur kurz gekochten Eiern. Gesundheitlich anfällige Personen (Schwangere, stillende Mütter, ältere Menschen, Kranke, Babys und Kleinkinder) sollten Gerichte mit ungekochten oder nur kurz gekochten Eiern meiden.

Dieses Buch enthält Rezepte, in denen Nüsse und Nussprodukte verwendet werden. Allergiker und Menschen, die anfällig für allergische Reaktionen gegen Nüsse sind (Schwangere, stillende Mütter, ältere Menschen, Kranke, Babys und Kleinkinder), sollten Rezepte mit Nüssen und Nussöl meiden. Wir empfehlen außerdem, die Etiketten der verwendeten Produkte auf Angaben zu enthaltenen Nüssen und/oder Nussprodukten zu prüfen.

Inhalt

Einleitung

30, 20, 10 – schnell, schneller, am schnellsten

Mit diesem Kochbuch lässt sich auch mit wenig Zeit lecker
kochen: Wählen Sie einfach das Rezept, das am besten zu
Ihrem Zeitplan passt. Anregungen und Motivation für jeden Tag
des Jahres finden Sie auf den folgenden Seiten.

Und wie funktioniert's?

Jedes der Rezepte kann auf dreierlei Art zubereitet werden:
als 30-Minuten-Version, 20-Minuten-Version oder als super-
schnelle 10-Minuten-Version. Am Anfang eines Kapitels sind
alle Rezepte nach Zubereitungszeit aufgeführt. Wählen Sie
aus, wofür Sie gerade Zeit haben und schlagen Sie die
entsprechende Seite auf.

Auf jeder Doppelseite finden Sie ein Hauptrezept mit Foto
und darunter zwei Varianten mit jeweils unterschiedlicher
Zubereitungszeit.

Hat es Ihnen geschmeckt? Dann probieren Sie doch die anderen Versionen. Sie haben Lust auf Huhn-und-Garnelen-Paella (30 Minuten), aber nur 10 Minuten Zeit? Dann kürzen Sie ab und machen Sie einen schnellen Pilaw daraus.

Sie mochten die Zutaten und den Geschmack des Mango-Spinat-Salats mit warmem Erdnusshuhn (10 Minuten)? Dann probieren Sie doch auch den Hähnchen-Mango-Kebab (20 Minuten) oder lassen Sie sich zur aufwändigeren Hähnchenpfanne mit Mango und Erdnusssauce inspirieren.

Oder Sie wählen eines der 360 Rezepte und kochen dann die Version, die am besten zu Ihrem Zeitbudget passt.

Noch mehr Inspiration finden Sie auf den Seiten 12 bis 19: Dort sind die Rezepte nach Themen geordnet, zum Beispiel *Wärmende Wintergerichte* oder *Obst und Gemüse: 5 am Tag*.

Für die Familie

Es gibt viele Faktoren, die das Familienleben und das gemeinsame Essen heute hektisch gestalten können: außerschulische Aktivitäten der Kinder, berufstätige Eltern, zu wenig Zeit zum Kochen. Dabei gibt es so viele gute Alternativen zur Fertigmahlzeit aus der Mikrowelle und fettigem Essen in der Imbissbude. Dieses Buch soll Ihnen zeigen, dass es ganz einfach ist, aus wenigen ausgewählten Zutaten schnell und leicht leckere und zugleich ansprechende Mahlzeiten zu zaubern.

Gute Vorbereitung ist dabei immer die beste Grundlage. Egal, ob Sie ein erfahrener Hobbykoch oder kompletter Küchenneuling sind: Es lohnt sich in jedem Fall, bereits morgens oder am Vorabend den Speisenplan des kommenden Tages zu organisieren. Nehmen Sie sich deshalb ein bisschen Zeit für die Vorbereitungen und denken Sie vor allem an Zutaten, die unter Umständen noch aufgetaut oder frisch eingekauft werden müssen.

Ebenso hilfreich ist das vorausschauende Kochen: Zum Beispiel Nudeln, die in ausreichender Menge gekocht und gleich für mehrere Gerichte verwendet werden können – erst in einer frischen Gemüse-sauce und am Tag darauf im knusprigen Auflauf. Oder das selbst gemachte Dressing, das in der Schraubflasche einige Tage im Kühlschrank frisch bleibt.

Kochtechniken und Tipps

Je mehr Erfahrung Sie am Herd haben, desto mehr Handgriffe
können Sie gleichzeitig bzw. parallel erledigen, ohne dabei den
Überblick zu verlieren. Die Kunst des Multi-Taskings ist nicht nur
Profiköchen vorbehalten – sie lässt sich trainieren.

Ein Beispiel: Für den Kasseler Braten mit Paprikakartoffeln und
Aprikosensauce auf Seite 92 werden erst die Kartoffeln aufgesetzt
und dann die übrigen Zutaten in der Pfanne gedünstet. Und während
die Sauce köchelt, können bereits die fertig gegarten Kartoffeln abgegossen und weiterverarbeitet werden. Das „Jonglieren" zwischen
Ofen und Herd sowie die richtige Reihenfolge der Zubereitung führen
zu einem leckeren Ergebnis: Sie werden überrascht sein, wie schnell
es am Ende gegangen ist.

Doch nicht nur Multi-Tasking und gute Zutaten werden in der Küche
gebraucht: In einer gut ausgestatteten Küche geht das Kochen noch
besser von der Hand. Zwei Töpfe in verschiedenen Größen, eine
Bratpfanne und ein Wok gehören ebenso zur Ausstattung wie eine
Küchenwaage, Salatschleuder und Küchenmaschine fürs schnelle
Rühren sowie Rühren und Mixen.

Das Geheimnis der schnellen Küche steckt in Ihrer Vorratskammer:
Haben Sie erst einen soliden, vielseitigen Vorrat aufgebaut, können
Sie noch mehr Rezepte kurzfristig kochen. Prüfen Sie Ihre Vorräte
regelmäßig und füllen Sie auf, was zur Neige geht.

Grundausstattung

Die Auswahl an leckeren Zutaten für schnelle Famiiliengerichte ist schier endlos. Hier kommen ein paar Tipps für die Vorratshaltung: Zu den unentbehrlichen Grundnahrungsmitteln gehören verschiedene Pastasorten wie Linguini, Spaghetti, Fusilli, Penne und Orzo (Risoni) ebenso wie Reis (Basmati-, Natur-, Jasmin-, Risotto- und Paellareis), Bulgur, Couscous, Polenta und Quinoa. Mehl ist unverzichtbar für Saucen und Crumbles. Kichererbsenmehl eignet sich hervorragend für würzige Panaden.

Schnell kochende Hülsenfrüchte wie Puy-Linsen, rote Linsen und gelbe Erbsen sind praktisch für schnelle Gerichte, und ein guter Vorrat an Kidneybohnen, Kichererbsen, Augenbohnen, Cannellinibohnen und Limabohnen ist sehr nützlich.

Nüsse und Samen sind nicht nur gesund, nahrhaft und lecker, sie geben auch vielen Gerichten das gewisse Extra. Sonnenblumenkerne, Sesam, Cashewnüsse, Mandeln, Pistazien und Walnüsse ergänzen vegetarische Gerichte auf wertvolle Art.

Dosentomaten und passierte Tomaten stecken voller Aromen und sind eine ideale Grundlage für schnelle Saucen, Currys und Eintöpfe. Außerdem: In Öl eingelegte Artischocken, Oliven und gegrillte Paprika schmecken wunderbar in Salaten & Co. und sehen attraktiv aus.

Hochwertiges Oliven-, Sonnenblumen-, Pflanzen- und Sesamöl ist ideal zum Kochen, speziell für Pfannengerichte. Rotwein- und Weißweinessig, Balsamico-, Apfel- und Reisweinessig wiederum sind für schnelle Salatdressings und Saucen unentbehrlich.

Kräuter und Gewürze

Ein gut gefülltes Gewürzregal lässt viele Experimente zu, eigentlich können Sie gar nicht genug getrocknete Kräuter und Gewürze haben. Kaufen Sie jedoch immer nur kleine Mengen ein und verbrauchen Sie diese möglichst innerhalb von drei Monaten.

Es empfiehlt sich eine solide Auswahl an getrockneten Kräutern (Basilikum, Thymian, Oregano, Estragon, Rosmarin und Petersilie), ganzen Gewürzsamen (Kumin, Koriander, schwarze Senfkörner, Nelken, Kardamom und Zimtstangen) und gemahlenen Gewürzen (Kumin, Zimt, Koriander, Chili, Rosenpaprika und Kurkuma). Meersalz und frisch gemahlener schwarzer Pfeffer sind unverzichtbar.

Legen Sie sich auch einen Grundstock an Saucen, Senf und anderen Würzmitteln an. Sojasauce, süß-scharfe Chilisauce, Tabasco und Worcestershiresauce gehören in jede Küche. Honig und Ahornsirup eignen sich sehr gut zum Süßen.

Frische Zutaten

Die Zutaten für eine schnelle Frischeküche kommen aus dem Kühlschrank – und direkt vom Markt. Frische Pasta, Tofu, Käse, Butter, Milch, Sahne und Eier gehören unbedingt dazu. Ebenso Zitronen, Limetten, rote Chilischoten, frischer Ingwer, Frühlingszwiebeln und frische Kräuter. Kaufen Sie nach Möglichkeit saisonales Obst und Gemüse aus der Region. Knoblauch, Zwiebeln, Kartoffeln, Schalotten, Karotten und andere Wurzelgemüse sowie die meisten Früchte halten sich in der Vorratskammer einige Tage lang frisch.

Stichwort Fleisch: Es lohnt sich immer, haltbare Fleischwaren wie Chorizo oder Parmaschinken im Haus zu haben. Frische Steaks, Lammkoteletts oder Hähnchenbrust schneiden Sie für die fix zubereiteten Familiengerichte am besten so dünn wie möglich, damit das Fleisch schnell durchgart und zart bleibt.

Wärmende Wintergerichte

Das hält in der kalten Jahreszeit Leib und Seele zusammen

Erbsensuppe mit Schinken, Minze und Crème fraîche 26

Pilzsuppe mit Thymian und Ziegenkäsecroutons 38

Blumenkohlkäsesuppe 56

Hähnchentopf mit Honigwurzelgemüse 78

Ofenbratwurst mit Äpfeln und Zwiebeln 86

Putenfleischklöße in würziger Tomatenkräutersauce 114

Pilze Stroganoff 19

Cannellinibohneneintopf mit Tomaten und Rosmarin 200

Penne mit gebratenem Kürbis und Pesto 204

Himbeer-Milchreis-Brûlée 240

Birnen-Crumble mit Schokolade 238

Biskuitgebäck mit Rübensirup 264

Obst und Gemüse: 5 mal am Tag

Power-Food mit vielen wertvollen Vitaminen

Auberginen-Knoblauch-Dip mit getoastetem Pita 52

Mango-Spinat-Salat mit warmem Erdnusshuhn 72

Lamm-Gemüse-Topf mit Kichererbsen 112

Thailändisches Gemüsecurry 182

Gemüsekebabs mit Zitrone und Nuss-Pilaw 192

Risotto mit Ziegenkäse und Spinat 198

Fruchtige Kichererbsen-Tajine mit Koriandercouscous 208

Biryani mit Gemüse, Früchten und Nüssen 212

Kürbisgratin mit Tomaten und roten Zwiebeln 222

Heiße Gewürzpflaumen mit Eis 244

Rhabarber-Ingwer-Törtchen 258

Warmer Sandkuchen mit Pflaumen-Beeren-Kompott 262

Wochenend-Wonnen

Kulinarische Überraschungen, die auf der Zunge zergehen

Bratkartoffeln mit Salami und Mais und pochierten Eiern 36

French Toast mit Mozzarella 48

Chili-Mais-Frikadellen mit frischer Salsa 50

Eier Florentine 54

Rinderfilet mit Senfkruste und Ofenkartoffeln 74

Aprikotierter Kasseler Braten mit Paprikakartoffeln 92

Gebackener Räucherschellfisch mit Kartoffelpüree und pochierten Eiern 170

Scharfe Bohnenburger mit Tomatensalsa 184

Kokos-Dal mit geröstetem Naan 224

Schichtdessert aus Schokolade und Himbeeren 234

Käsekuchentörtchen mit Beerenkompott 236

Mousse au Chocolat mit Pistazieneis 250

Gesund und kraftvoll durch die Woche

Viel Geschmack und wenig Fett für maximale Energie

Thailändische Hühnersuppe 46

Gegrilltes Hähnchenfleisch mit Salsa und Frucht-Couscous 64

Süßsaures Schweinefleisch mit frischer Ananas 66

Asiatische Rindfleischspieße mit Sataysauce 110

Pochierte Hähnchenbrust mit roter Thai-Curry-Sauce 124

Jakobsmuscheln und Lauch in Sahnesauce 144

Garnelen-Brokkoli-Pfanne mit Zitrone 154

Kabeljaupfanne mit Schinken und Kirschtomaten 172

Scharfe Honig-Lachs-Spieße mit Reis 174

Salat mit Eiern, Käse, Kirschtomaten und Basilikum 188

Puy-Linseneintopf mit Knoblauchbrot 226

Obst-Crumble mit Haferflocken 254

Hits für Kids

Lieblingsgerichte für kleine Gourmets

Schinkennudeln in Senf-Sahne-Sauce 42

Minipizza mit Artischocken, Oliven und Taleggio 58

Bohnen-Wurst-Eintopf mit Rosmarin 70

Cheeseburger mit Pilzen und Gurkensalsa 98

Frittierte Kabeljaustäbchen mit Limetten-Kapern-Mayonnaise 136

Thunfisch-Nudelgratin mit Kürbis und Erbsen 142

Gebratener Kabeljau und Bratkartoffeln in Dill-Zitronen-Mayonnaise 160

Thunfisch-Käse-Frikadellen mit Mais 164

Pasta mit Röstgemüse in Knoblauch-Kräuter-Sauce 186

Schichtdessert Banoffee 252

Warmer Schokoladenkuchen 266

Karamellbananen 276

Aus der Pfanne

Neue Ideen für leckere Pfannengerichte

Frittata mit Feta, Paprika und Kirschtomaten 24

Kokossuppe mit Spinat und Kürbis 34

Gebratener Reis 84

Auflauf aus der Pfanne mit Eiern, Schinken und Zwiebeln 90

Lammkartoffelcurry 96

Huhn-Garnelen-Paella 106

Glasierter Kasseler Braten mit karamellisierten Zwiebeln 118

Lachs mit grünem Gemüse 132

Scharfe Cajun-Frittata mit Lachs und Paprika 166

Linsen-Dal mit Gemüse 216

Blumenkohl-Kartoffel-Curry mit Spinat 220

Kokos-Dal mit geröstetem Naan 224

Für besondere Anlässe

Jedes Gericht ein Fest für den Gaumen

Hähnchenschenkel mit Zitrone,
Crème fraîche und Spinat 88

Coq au Vin 94

Entenpfanne mit Zuckerschoten
und Orangenreis 102

Lammfilet mit Pilz-Spinat-Sauce 104

Schweineschnitzel
mit Prosciutto 116

Seeteufel in Parmaschinken
mit Pesto 138

Knuspriges Schellfischgratin 150

Risotto mit Kabeljau, schwarzen
Oliven und Tomaten 176

Blätterteigpastete mit Spinat,
Pinienkernen und Käse 210

Weiße Schokoladencreme
mit Himbeeren 242

Tarte Tatin mit Karamellbirnen 268

Schnelles Tiramisu
mit Erdbeeren 278

Sommergerichte

Knackig-frische Gerichte für warme Tage

Fritierte Kalamari mit Chilisauce 40

Scharfe Frittata mit Brie
und Spinat 44

Hähnchenburger mit Estragon 68

Jambalaya mit Huhn, Chorizo
und Paprika 76

Scharfes Cajun-Huhn mit Quinoa
und Aprikosen 100

Schellfisch mit Parmesankruste
und Avocado-Salsa 130

Jamaika-Lachs mit Mais
und Okra 156

Spaghetti mit Meeresfrüchten,
Tomaten und Knoblauch 162

Gegrillter Halloumi mit warmem
Couscoussalat 202

Aprikosen mit Zitronencreme
und Amaretti 246

Gebratene Ananas
mit Rumrosinen 256

Trifle mit Scones, Mascarpone und
Erdbeeren 270

QuickFamily

Snacks und Leichtes für zwischendurch

Rezepte nach Zubereitungszeit

3⏱

2⏱

10

Frittata mit Feta, Paprika und Kirschtomaten

Für 4 Personen

3 EL Olivenöl
1 rote Paprika, geputzt
   und grob gewürfelt
1 rote Zwiebel, grob gehackt
200 g Kirschtomaten, halbiert
6 Eier
200 g Feta, abgetropft und zerbröselt
1 Handvoll Rucola
Salz und frisch gemahlener
   schwarzer Pfeffer

- Den Ofengrill vorheizen. 3 EL Olivenöl in einer Pfanne (23 cm Ø) erhitzen und die Paprika und Zwiebel darin bei mittlerer Hitze 5 Minuten dünsten, dabei gelegentlich umrühren. Die Tomaten dazugeben und 2 Minuten weitergaren, dabei umrühren.

- Die Eier verquirlen, salzen und pfeffern und über das Gemüse in der Pfanne gießen. Den Feta darüberstreuen und bei niedriger Hitze 4–5 Minuten garen, bis die Frittata am Boden fest geworden ist.

- Die Pfanne unter den Grill setzen. Dabei darauf achten, dass der Pfannenstiel von der Wärmequelle weg weist. 3–4 Minuten grillen, bis die Frittata oben goldbraun ist. Aus dem Ofen nehmen, Rucola in die Mitte der Frittata streuen und viel schwarzen Pfeffer darübermahlen. Mit dem restlichen Olivenöl beträufeln und zum Servieren in Tortenstücke schneiden.

Salat mit Feta, Paprika und Kirschtomaten

1 geputzte, grob gewürfelte rote Paprika, 1 grob gehackte rote Zwiebel, 200 g halbierte Kirschtomaten und 100 g zerbröselten Feta, 100 g schwarze Oliven ohne Stein und 75 g frischen Rucola in eine Salatschüssel geben und gut durchmischen. Den Saft von 1 Zitrone, 4 EL Olivenöl und 2 EL gehackte glatte Petersilie gut verquirlen und kurz vor dem Servieren über den Salat geben.

Frittata mit Wurst, Paprika und Tomaten

Den Grill auf 180 ºC vorheizen. 1 EL Olivenöl in einer Pfanne (23 cm Ø) erhitzen und 4 Chorizo (scharfe Schweinsbratwürste) bei mittlerer Hitze 8–10 Minuten braun braten, dabei gelegentlich wenden. Aus der Pfanne nehmen und in dicke Scheiben schneiden. 2 EL Olivenöl in der Pfanne erhitzen und darin 1 geputzte, grob gehackte rote Paprika und 1 grob gehackte rote Zwiebel bei mittlerer Hitze 5 Minuten dünsten, dabei gelegentlich umrühren. Die Wurstscheiben und 200 g halbierte Kirschtomaten dazugeben und 2 Minuten weitergaren, gelegentlich umrühren. 6 Eier in einer Schüssel verquirlen, gut salzen und pfeffern. Die Eimischung ebenfalls in die Pfanne geben und bei niedriger Hitze 4–5 Minuten garen, bis die Frittata unten fest geworden ist. Die Pfanne unter den Grill setzen. Dabei darauf achten, dass der Pfannenstiel von der Wärmequelle weg weist. Die Frittata 3–4 Minuten grillen, bis sie oben goldbraun ist.

Erbsensuppe mit Schinken, Minze und Crème fraîche

Für 4 Personen

2 EL Olivenöl

1 Zwiebel, grob gehackt

6 feine Speckscheiben
  ohne Rinde, grob gewürfelt

4 EL frische gehackte Minze

250 g Kartoffeln, geschält
  und grob gewürfelt

500 g TK-Erbsen

1200 ml Hühnerbrühe

4 EL Crème fraîche

Salz und frisch gemahlener
  schwarzer Pfeffer

geröstete Körnermischung
  zum Garnieren

- Das Öl in einer schweren Pfanne erhitzen und die Zwiebel und den Speck darin bei mittlerer Hitze 5 Minuten anbraten, dabei gelegentlich umrühren, bis die Zwiebel glasig ist und der Speck leicht gebräunt ist. Minze und Kartoffeln dazugeben und 1 Minute lang unter Rühren weitergaren, dann die Erbsen und die Brühe dazugeben. Die Suppe aufkochen lassen, Temperatur herunterschalten und 15 Minuten ziehen lassen, bis die Kartoffeln gar sind.

- Die Suppe in zwei Portionen im Küchenmixer fein pürieren und sofort in den Topf zurückgeben. Die Crème fraîche einrühren und noch 1 Minute erhitzen.

- Mit Salz und frisch gemahlenem schwarzen Pfeffer würzen, auf Suppenteller verteilen und mit gerösteten Körnern garniert servieren.

 **Erbsen-Minze-Suppe mit Extras** 600 ml Erbsen-Minze-Suppe aus der Dose in einem Topf erhitzen. Inzwischen 100 g Pancetta (dünner Bauchspeck) grob hacken. 1 EL Olivenöl in einer Pfanne erhitzen und die Pancettawürfel mit 1 Handvoll zerpflücktem Focaccia bei großer Hitze knusprig braun rösten. Die Suppe auf Suppenteller verteilen und mit der gerösteten Pancetta-Brotmischung garniert servieren.

 **Sommerliche Erbsensuppe mit Feta- und Pestotoast** Den Ofengrill auf 200 °C vorheizen. 2 EL Olivenöl in einer großen, schweren Pfanne erhitzen, 1 gehackte Zwiebel und 1 gehackte Knoblauchzehe darin bei mittlerer Hitze glasig dünsten, dabei häufig umrühren. 500 g TK-Erbsen und 1200 ml Hühnerbrühe dazugeben. Aufkochen lassen, Temperatur herunterschalten und 5 Minuten ziehen lassen. Die Suppe in 2 Portionen im Mixer fein pürieren und in den Topf zurückgeben. 4 EL Crème fraîche einrühren, salzen und pfeffern und noch 1 Minute ziehen lassen. Inzwischen 8 Scheiben Weißbrot unter den Grill legen und auf einer Seite goldbraun toasten. Die ungetoasteten Seiten mit insgesamt 100 g abgetropftem, zerbröselten Feta bestreuen, 2 EL grünes Pesto darüberträufeln und 3 Minuten lang goldbraun grillen. Die Suppe auf Suppenteller verteilen und mit je 2 Scheiben Toast servieren.

Indische Ofen-Süßkartoffeln mit Raita-Dip

Für 4 Personen

2 TL Kreuzkümmelsamen
2 TL Koriandersamen
½ TL Bockshornkleesamen
2 EL Sonnenblumenöl
600 g Süßkartoffeln, geschält
  und in Spalten geschnitten
¼ TL Chiliflocken
Salz und frisch gemahlener
  schwarzer Pfeffer

Für den Raita-Dip
200 g griechischer Joghurt
4 EL frische gehackte Minze
¼ Salatgurke, fein gehackt

- Den Ofen auf 200 °C vorheizen. Die Gewürze in eine kleine, trockene, schwere Pfanne geben und bei großer Hitze 1 Minute gleichmäßig rösten. Dabei die Pfanne hin- und herschwenken. In einen Mörser geben, fein zerstoßen, dann gut mit dem Öl vermischen. Mit den Süßkartoffelspalten in eine Schüssel geben und alles gut vermischen.

- Die Süßkartoffeln in einen großen Bräter geben, mit Salz und frisch gemahlenem schwarzem Pfeffer würzen und mit den Chiliflocken bestreuen. 20 Minuten im Ofen goldbraun backen. Inzwischen den Raita-Dip vorbereiten und in eine kleine Servierschüssel geben.

- Die Süßkartoffelspalten aus dem Ofen nehmen und sofort mit dem Raita-Dip servieren.

Süßkartoffelchips
300 ml Pflanzenöl in einer tiefen, schweren Pfanne auf 180–190 °C erhitzen. Währenddessen zwei Süßkartoffeln schälen und mit der Küchenreibe in hauchdünne Scheiben raspeln. Dann portionsweise je 1–2 Minuten in dem heißen Öl goldbraun frittieren. Mit der Schaumkelle herausheben und auf Küchenpapier abtropfen lassen. Mit Meersalz und Kreuzkümmelsamen bestreuen und mit ca. 200 g Raita-Dip (s. oben) und Gemüsestiften servieren.

Süßkartoffeln und Kürbis aus dem Ofen
Den Ofen auf 220 °C vorheizen. Insgesamt 350 g Buttternut-Kürbis und Süßkartoffeln schälen und in grobe Würfel schneiden. Je 2 EL Korma-Curry-Sauce (aus dem indischen Lebensmittelladen) und Naturjoghurt in eine große Schüssel geben und das Gemüse darin gut mischen. Alles in einen großen Bräter geben und 15 Minuten im Ofen goldbraun backen. Inzwischen den Raita-Dip zubereiten und zu dem Ofengemüse servieren.

Omelett mit Räucherlachs, Frischkäse und Schnittlauch

Für 4 Personen

2 EL Pflanzenöl
6 Eier, verquirlt
200 g Frischkäse
100 g Räucherlachs,
  grob gehackt
3 EL gehackter Schnittlauch
Salz und frisch gemahlener
  schwarzer Pfeffer
Salat als Beilage
  (nach Wunsch)

- Das Öl in einer großen, schweren Pfanne erhitzen. Die Eier salzen und pfeffern und 4–5 Minuten bei niedriger Hitze garen, bis der Boden des Omeletts fest geworden, die Oberfläche aber noch ein wenig flüssig ist.

- Inzwischen den Frischkäse mit 1 EL kaltem Wasser glatt rühren.

- Den Frischkäse löffelweise auf das Omelett geben und mit dem Löffelrücken leicht glattstreichen. Den Räucherlachs und den Schnittlauch darüberstreuen und noch etwa 1 Minute weitergaren, bis die Oberseite des Omeletts warm ist.

- Eine Hälfte des Omeletts über die andere klappen und in 4 Stücke schneiden. Nach Geschmack mit gemischtem Salat servieren.

---

2 **Minisoufflés mit Räucherlachs und Schnittlauch** Den Ofen auf 200 °C vorheizen. 15 g Butter bei mittlerer Hitze in enem Topf erhitzen und 15 g Weizenmehl dazugeben. Einige Sekunden kräftig rühren, dann den Topf vom Herd nehmen und unter ständigem Rühren nach und nach 150 ml kalte Milch dazugeben. Den Topf wieder auf den Herd stellen und die Mischung aufkochen, dabei weiterrühren, bis sich alles gut verbunden hat.

50 g grob gehackten Räucherlachs, 1 EL fein gehackten Schnittlauch, Salz und frisch gemahlenen schwarzen Pfeffer dazugeben. 2 Eiweiß in einer fettfreien Schüssel steif schlagen und vorsichtig unter die Lachsmischung heben. Die Mischung auf vier Förmchen verteilen und für 10 Minuten in den Ofen stellen, bis die Soufflés aufgegangen und oben schön goldbraun sind. Sofort servieren.

3 **Tortillas mit gebackenem Räucherlachs, Erbsen und Dill** Den Ofen auf 200 °C vorheizen. 6 Eier mit 4 EL gehacktem Dill und viel frisch gemahlenem Pfeffer kräftig verquirlen. Je 100 g grob gehackten Räucherlachs und TK-Erbsen dazugeben und alles in eine quadratische 20-cm-Kuchenform gießen. 20–25 Minuten backen, bis die Oberfläche fest und leicht angebräunt ist. Zum Servieren in Quadrate schneiden.

Knusprige Rindfleischstreifen mit Chiligemüse

Für 4 Personen

2 Eier

2 EL Speisestärke

300 g Rindersteak, in dünne
   Streifen geschnitten

2 Karotten, geschält und geraspelt

1 Bd. Frühlingszwiebeln, gehackt

100 g Zuckerschoten, halbiert

1 rote Chilischote, fein gehackt

2 EL Zucker

4 EL Reisessig

4 EL süße Chilisauce

1 EL helle Sojasauce

Pflanzenöl zum Braten
   oder Frittieren

- Einen tiefen, schweren Topf zu einem Viertel mit Pflanzenöl füllen und auf 180–190 °C erhitzen. Ein Brotwürfel soll darin in 30 Sekunden braun werden. Inzwischen Eier und Speisestärke in einer Schüssel gut verquirlen und die Fleischstreifen gut darin wenden.

- Das Fleisch in 2 Portionen frittieren: Mit einer Schaumkelle in das Öl geben und 10 Sekunden lang umrühren, damit die Fleischstreifen nicht zusammenkleben, dann 5 Minuten weitergaren, bis das Fleisch goldbraun und knusprig geworden ist. Mit der Schaumkelle herausheben und auf Küchenpapier abtropfen lassen.

- 1 EL Öl in einem großen Wok oder einer schweren Pfanne erhitzen und die Karotten, Frühlingszwiebeln, Zuckerschoten und Chili für 2–3 Minuten unter Rühren kurzbraten. Zucker, Reisessig, Chili- und Sojasauce dazugeben und 1 Minute weiterrühren. Das Fleisch dazugeben, gut durchmischen und sofort servieren.

Chili-Rindfleisch-Pfanne mit roter Paprika 300 g Rindersteak in dünne Streifen schneiden. 1 EL Sesamöl in einem großen Wok oder einer schweren Pfanne erhitzen und das Fleisch mit 1 fein gehackten roten Chilischote und 1 in dünne Streifen geschnittenen roten Paprika 3 Minuten lang darin kurzbraten. 2 EL Austernsauce dazugeben und 1 Minute weiterrühren. Mit frisch gehacktem Schnittlauch und vorgekochtem Reis servieren.

Knuspriges Chilifleisch mit Brokkoli 300 g Rindersteak in dünne Streifen schneiden und in 3 EL, mit Salz und schwarzem Pfeffer gewürztem, Stärkemehl wenden. 4 EL Sesamöl und 2 EL Pflanzenöl in einem großen Wok oder einer schweren Pfanne erhitzen und das Fleisch darin bei großer Hitze 3–4 Minuten knusprig braten. Mit der Schaumkelle herausheben und auf Küchenpapier abtropfen lassen. 1 großen, in Röschen zerteilte Brokkoli, 1 große, in grobe Stifte geschnittene Karotte, 2 Knoblauchzehen in dünnen Scheiben, 2 TL frisch gehackten Ingwer und ½ TL Chiliflocken in der Pfanne 3–4 Minuten unter ständigem Rühren kurzbraten. 4 EL helle Sojasauce und 2 EL süße Chilisauce mit 2 EL Zucker verrühren, zu dem Gemüse geben und noch 1 Minute weiterrühren. Das Fleisch mit 1 Bund grob gehackten Frühlingszwiebeln dazugeben und erhitzen. Mit vorgekochtem Langkornreis servieren.

Kokossuppe mit Spinat und Kürbis

Für 4 Personen

1 EL Pflanzenöl

1 Zwiebel, fein gehackt

500 g Butternut-Kürbis, geschält, geputzt und grob gewürfelt

1 kleine rote Chilischote, fein gehackt

1 TL gemahlener Koriander

400 ml Kokosmilch aus der Dose

600 ml Hühner- oder Gemüsebrühe

300 g frischer Spinat

Naan als Beilage

- Das Öl in einem schweren Topf erhitzen und die Zwiebel, die Chili und den Kürbis darin bei mittlerer bis großer Hitze 8 Minuten lang unter Rühren dünsten. Den Koriander dazugeben und einige Sekunden weiterrühren, dann Kokosmilch und Brühe dazugeben und aufkochen lassen. Die Temperatur reduzieren und alles 10 Minuten schwach kochen lassen.

- Die Spinatblätter in die Suppe geben und 1 Minute darin ziehen lassen, bis sie zusammengefallen sind. Die Suppe auf Teller füllen und mit warmem Naan servieren.

Schnelle karibische Kokossuppe

1 EL Pflanzenöl in einem Topf erhitzen und 1 fein gehackte rote Zwiebel darin bei mittlerer Hitze 3 Minuten lang unter Rühren glasig dünsten. 1 TL gemahlenen Koriander und ½ TL geräuchertes Paprikapulver dazugeben und einige Sekunden weiterrühren. 400 ml Kokosmilch und 600 ml Hühner- oder Gemüsebrühe dazugeben, aufkochen lassen. 400 g Kidneybohnen aus der Dose, abgegossen, und 300 g Blattspinat dazugeben und 5 Minuten ziehen lassen. Nach Geschmack Maisbrot dazureichen.

Kokossuppe mit Kürbis und Nudeln

1 EL Planzenöl in einem schweren Topf erhitzen und 250 g Geflügelhack darin 8 Minuten anbraten. Dabei rühren, damit das Hack nicht aneinanderhängt. 1 gehackte Zwiebel, 500 g geschälten, geputzten und gewürfelten Butternut-Kürbis, 1 kleine, fein gehackte Chilischote und 2,5 cm Ingwer, frisch geraspelt, dazugeben und 8 Minuten unter Rühren garen. 1 TL gemahlenen Koriander dazugeben, ein paar Sekunden weiterrühren, 400 ml Kokosmilch und 600 ml Brühe dazugeben und aufkochen lassen.

10 Minuten ziehen lassen. 3 Minuten vor Ende der Kochzeit 300 g vorgekochte Thai-Nudeln dazugeben. Heiß servieren.

Bratkartoffeln mit Salami, Mais und pochierten Eiern

Für 4 Personen

500 g Kartoffeln, geschält und grob gewürfelt

2 EL Olivenöl

1 rote Zwiebel, grob gehackt

1 TL geräucherte Paprika

200 g grobe Salami im Stück, gewürfelt

100 g Mais

6 EL gehackte glatte Petersilie

4 Eier

Salz

• Die Kartoffeln schälen und grob würfeln, dann in kochendes, leicht gesalzenes Wasser geben und 5 Minuten vorgaren. Abgießen. Inzwischen das Öl in einer großen Pfanne erhitzen und die Zwiebel darin bei mittlerer Hitze 5 Minuten unter Rühren glasig dünsten.

• Die geräucherte Paprika und die Kartoffeln in die Pfanne geben, gut wenden und 5 Minuten lang unter häufigem Rühren goldbraun braten. Salami und Mais dazugeben und noch 3–4 Minuten weitergaren, dann die Petersilie darüberstreuen, gut durchmischen und alles leicht zusammendrücken. Die Temperatur herunterschalten und zugedeckt 2–3 Minuten lang durchgaren lassen.

• Inzwischen eine Pfanne halb mit kochendem Wasser füllen und wieder aufkochen lassen. Je 2 Eier vorsichtig in das Wasser schlagen und 2 Minuten lang kochen. Mit einer Schaumkelle herausheben.

• Die Bratkartoffeln auf vorgewärmte Teller geben und je 1 pochiertes Ei darauf setzen. Sofort servieren.

 Salami-Thymian-Rösti mit pochierten Eiern

25 g Butter zerlassen. Mit 400 g geraspelten Röstikartoffeln, 75 g Salamischeiben, 1 geraspelten Zwiebel, frischem Thymian, Salz und Pfeffer in eine Schüssel geben, gut mischen. Die Röstimischung in eine sehr heiße Bratpfanne mit Antihaftbeschichtung geben und mit einer Palette gut andrücken. Je 4 Minuten auf beiden Seiten goldbraun rösten. 4 Eier wie oben beschrieben pochieren und zum Servieren auf die Rösti setzen.

 Bratkartoffeln mit Salami, Mais und Spiegeleiern

300 g Kartoffeln schälen, in dünne Scheiben schneiden und 5 Minuten in Salzwasser vorkochen. Abgießen. Inzwischen 2 EL Pflanzenöl in einer großen Pfanne erhitzen und 1 gehackte Zwiebel darin bei mittlerer Hitze 3 Minuten lang unter Rühren glasig dünsten. Die Kartoffelscheiben und ½ TL Chiliflocken dazugeben und 4 Minuten weiter goldbraun braten, dabei häufig wenden, damit sie nicht aneinanderhaften bleiben. 150 g gewürfelte Salami und 100 g eingelegte Paprika aus dem Glas, in Würfeln, dazugeben, gut vermischen und die Mischung mit einer Palette leicht zusammendrücken. 3 Minuten weitergaren, dann mit frisch gehacktem Schnittlauch bestreuen. Vier Vertiefungen in die Bratkartoffeln machen und je 1 Ei hineinschlagen. Die Eier 4 Minuten in den Kartoffeln garen lassen und aus der Pfanne servieren.

Pilzsuppe mit Thymian und Ziegenkäsecroutons

Für 4 Personen

3 EL Olivenöl

1 Zwiebel, gehackt

500 g braune Champignons, geputzt und grob gehackt

2 EL frischer Thymian

600 ml Hühner- oder Gemüsebrühe

2 EL Dijonsenf zzgl. etwas zum Bestreichen

200 g Crème fraîche

8 dünne Baguettescheiben, getoastet

8 dünne Scheiben Ziegenkäse mit Rinde

Salz und frisch gemahlener schwarzer Pfeffer

frischer Thymian zum Garnieren

- Den Grill auf 200 °C vorheizen. Das Öl in einem großen, schweren Topf erhitzen und die Zwiebel darin bei mittlerer Hitze unter Rühren 3 Minuten glasig dünsten. Pilze und Thymian dazugeben und etwa 5 Minuten weiterrühren, bis die Pilze durchgegart und goldbraun sind. Die Brühe darübergießen, 2 EL Dijonsenf einrühren und aufkochen lassen. Temperatur reduzieren und 5 Minuten ziehen lassen.

- Die Suppe im Mixer grob pürieren und zurück in den Topf gießen. Crème fraîche dazugeben und mit Salz und frisch gemahlenem schwarzem Pfeffer abschmecken. 1 Minute lang erhitzen.

- Die Baguettescheiben dünn mit Senf bestreichen, mit je einer Scheibe Ziegenkäse belegen und 1–2 Minuten leicht goldbraun grillen.

- Die Suppe auf vorgewärmte Teller füllen, die Käsetoasts darauf setzen und mit Thymian bestreuen.

Ciabattatoast mit Pilzen und Thymian

Den Ofengrill auf 200 °C vorheizen. 3 EL Öl in einem großen Topf erhitzen und 1 gehackte Zwiebel darin unter Rühren 3 Minuten glasig dünsten. 500 g geputzte, grob gehackte braune Champignons und 2 TL frischen Thymian dazugeben und unter gelegentlichem Rühren 5 Minuten garen. 2 EL körnigen Senf und 200 g Crème fraîche einrühren. 4 Scheiben Ciabatta goldbraun grillen. Auf Tellern anrichten und die Pilze darauf verteilen. Mit frischem Thymian bestreut servieren.

Herzhafte Pilz-Thymian-Suppe

30 g getrocknete Mischpilze 10 Minuten lang in 600 ml heißem Wasser einweichen, dann abgießen. Die Suppe wie oben angegeben (inklusive der frischen Pilze) zubereiten, statt der Hühnerbrühe das abgegossene Pilzwasser verwenden.

 # Frittierte Kalamari mit Chilisauce

Für 4 Personen

Pflanzenöl zum Frittieren
500 g Kalamari in Ringen,
  ggf. aufgetaut
75 g Stärkemehl
2 Eier
abgeriebene Schale und Saft
  von 1 Limette
2 EL gehackter frischer Koriander
8 EL süße Chilisauce
Salz und frisch gemahlener
  schwarzer Pfeffer
Limettenspalten als Beilage
Koriander zum Garnieren

- Einen tiefen, schweren Topf zu einem Viertel mit Pflanzenöl füllen und auf 180–190 °C erhitzen. Ein Brotwürfel soll darin in 30 Sekunden braun werden.

- Die Kalamari gut abtropfen lassen. Stärkemehl, Salz und Pfeffer auf einen Teller geben, die Kalamari darin wenden und auf einen neuen Teller legen.

- Die Eier gut verquirlen, Limettenschale und Koriander dazugeben und nochmals verquirlen, dann 2 EL der Stärkemehlmischung einrühren. Die Kalamari in die Eimischung tauchen und sofort in das heiße Öl geben. Die Kalamari je nach Topfgröße in 2–3 Portionen frittieren – sie brauchen etwa 3–4 Minuten, um goldbraun zu werden. Mit einer Schaumkelle herausheben und auf Küchenpapier abtropfen lassen. Inzwischen den Limettensaft mit der Chilisauce verrühren und in eine kleine Servierschale geben.

- Die Kalamari mit Koriander bestreuen und sofort servieren. Limettenspalten und Chilisauce dazureichen.

Gebratene Kalamari mit Limetten und Knoblauch 15 g Butter und 2 EL Olivenöl in einer schweren Pfanne erhitzen und die Kalamariringe (aufgetaut, sofern tiefgekühlt) mit 1 in feine Scheiben geschnittenen Knoblauchzehe bei großer Hitze 5 Minuten goldbraun braten. Die Schale von 1 Limette abreiben, in die Pfanne geben und die Kalamari gut darin wenden. Mit Salz und frisch gemahlenem schwarzem Pfeffer abschmecken, mit 4 EL gehackter glatter Petersilie bestreut servieren.

 **Scharfe frittierte Garnelen** Einen tiefen, schweren Topf 3,5 cm tief mit Pflanzenöl füllen und auf 180–190 °C erhitzen. Ein Brotwürfel soll darin in 30 Sekunden braun werden. 125 g frische Semmelbrösel mit ½ TL Chiliflocken, 3 TL gemahlenem Kreuzkümmel, der abgeriebenen Schale von 1 Limette und je ½ TL Salz und Pfeffer mischen und auf einen flachen Teller geben. Daneben je einen Teller mit 2 EL Weizenmehl und 1 verquirltem Ei stellen. 20 Garnelen aus der Schale brechen, die Schwanzspitze jedoch dranlassen, dann nacheinander in dem Mehl, dem Ei und der Gewürzmischung wenden und sofort in das heiße Öl geben. Nach 2 Minuten mit einer Schaumkelle herausheben und auf Küchenpapier abtropfen lassen. 1 kleine Schale Mayonnaise mit dem Saft der Limette und etwas frisch gehacktem Koriander glatt rühren und als Dip dazureichen.

Schinkennudeln in Senf-Sahne-Sauce

Für 4 Personen

400 g Nudeln, z. B. Fusilli
1 EL Olivenöl
25 g Butter
1 Zwiebel, in dünnen Scheiben
25 g Weizenmehl
300 ml Milch
1 EL Vollkornsenf
1 TL Dijonsenf
200 g Crème fraîche
250 g Räucherschinken,
  in feinen Streifen
4 EL gehackte glatte Petersilie
schwarzer Pfeffer
Rucolasalat als Beilage
  (nach Geschmack)

- Salzwasser in einem großen Topf zum Kochen bringen und die Nudeln darin 10–12 Minuten bissfest kochen. Abgießen, in den Topf zurückgeben und in dem Olivenöl wenden.

- Inzwischen die Butter in einem großen, schweren Topf zerlassen und die Zwiebel darin bei mittlerer Hitze 5 Minuten unter gelegentlichem Rühren glasig dünsten. Das Mehl dazugeben und einige Sekunden weiterrühren, dann den Topf vom Herd nehmen. Die kalte Milch nach und nach dazugeben und gut verrühren. Den Topf wieder auf den Herd stellen, aufkochen lassen und dabei weiterrühren, bis die Mehlschwitze abgebunden hat.

- Senf, Crème fraîche, Schinken und Petersilie einrühren und noch 1 Minute erhitzen, jedoch nicht kochen lassen. Die Sauce über die Pasta geben, gut verrühren und mit Pfeffer abschmecken.

- Auf vorgewärmte Teller verteilen und mit frischem Rucolasalat servieren.

 Blitzschnelle Schinken-Senf-Nudeln

Salzwasser in einem großen Topf zum Kochen bringen und 500 g frische Linguini darin 3 Minuten bissfest kochen. Abgießen und in den heißen Topf zurückgeben. 250 g Räucherschinken in dünne Streifen schneiden. 1 EL körnigen Senf, 1 TL Dijonsenf, 4 EL gehackte glatte Petersilie und 150 g Sahne dazugeben, alles gut durchmischen und sofort servieren.

 **Schinken-Nudel-Auflauf mit Tomaten**

Den Ofen auf 180 °C vorheizen. Das Rezept wie oben angegeben zubereiten, jedoch nicht auf Teller verteilen, sondern in eine Auflaufform geben. 3 große Fleischtomaten in Scheiben schneiden und 50 g Cheddar raspeln. Tomaten und Käse über den Auflauf geben und 7 Minuten überbacken, bis die Tomaten gar sind und der Käse oben goldbraun geworden ist.

Scharfe Frittata mit Brie und Spinat

Für 4–6 Personen

3 EL Olivenöl
1 rote Zwiebel, in Scheiben
200 g Blattspinat
8 Eier
100 g Peppadew-Schoten
  (scharfe Chilischoten),
  abgetropft und grob gehackt
200 g Brie, grob gewürfelt
Salz und frisch gemahlener
  schwarzer Pfeffer
Blattsalat als Beilage
  (nach Wunsch)

- Den Grill auf 180 °C vorheizen. Das Öl in einer schweren Pfanne erhitzen und die Zwiebel darin bei mittlerer Hitze 5 Minuten unter Rühren glasig dünsten. Den Spinat dazugeben und darin 1 Minute blanchieren. Die Pfanne vom Herd nehmen.

- Die Eier in einer Schüssel verquirlen und mit Salz und frisch gemahlenem schwarzem Pfeffer abschmecken, dann zum Spinat in die Pfanne gießen.

- Die Peppadew-Schoten und den Brie gleichmäßig darüberstreuen und in die Mischung einsinken lassen. Die Pfanne wieder auf den Herd stellen und bei niedriger Hitze 3–5 Minuten garen, bis der Boden der Frittata fest geworden ist.

- Die Pfanne unter den Grill setzen. Dabei darauf achten, dass der Pfannenstiel von der Wärmequelle weg weist. 3–4 Minuten grillen, bis die Frittata oben goldbraun ist. In Tortenstücke schneiden und nach Wunsch mit gemischtem Salat servieren.

 Scharfes Brie-Schinken-Omelett

½ EL Olivenöl in einer Pfanne erhitzen. 6 Scheiben Frühstücksspeck in kleine Würfel schneiden, bei mittlerer Hitze unter Rühren 3 Minuten knusprig braten. 4 Eier verquirlen, salzen und pfeffern und in die Pfanne gießen. 1 Minute garen, 100 g abgetropfte, grob gehackte Peppadew-Schoten dazugeben. 1 EL gehackten Schnittlauch und 100 g grob gewürfelten Brie darüberstreuen und 4–5 Minuten garen, bis das Omelett fest geworden ist. Mit Baguette und Butter servieren.

 **Scharfe Erbsen-tortilla** Den Grill auf 180 °C vorheizen. 1 EL Olivenöl in einer großen Pfanne erhitzen und 1 gehackte Zwiebel und 100 g abgetropfte, grob gehackte Peppadew-Schoten bei mittlerer Hitze unter häufigem Rühren 5 Minuten dünsten. 1 zerdrückte Knoblauchzehe, 400 g Butterbohnen aus der Dose, abgegossen, und 2 EL TK-Erbsen dazugeben und unter häufigem Rühren 3 Minuten garen. 6 Eier verquirlen, salzen und pfeffern und in die Pfanne gießen. 1 EL gehackte glatte Petersilie darüberstreuen und

bei niedriger Hitze 5 Minuten weitergaren. Die Pfanne unter den Grill setzen. Dabei darauf achten, dass der Pfannenstiel von der Wärmequelle weg weist. 3–4 Minuten grillen, bis die Tortilla oben goldbraun ist. 2 Minuten abkühlen lassen, zum Servieren in Tortenstücke schneiden.

Thailändische Hühnersuppe

Für 4 Personen

800 ml Kokosmilch aus der Dose
125 ml heiße Hühnerbrühe
1 EL thailändische rote Currypaste
2 Hühnerbrüste (à 175 g),
   in hauchdünnen Scheiben
200 g Zuckerschoten
200 g Sojasprossen

- Kokosmilch, Hühnerbrühe und Currypaste in einem großen Topf zusammen aufkochen.

- Das Hähnchenfleisch dazugeben und 2 Minuten kochen, dann die Zuckererbsen und Sojasprossen dazugeben und noch 5 Minuten weiterkochen.

- Auf vorgewärmten Suppentellern servieren.

 Thailändische Currypfanne 2 EL Pflanzenöl in einem großen Wok oder einer schweren Bratpfanne erhitzen und darin 1 grob gehackten Stängel Zitronengras, 1 cm Ingwer, grob gehackt, und 4 Hähnchenbrüste (à 150 g) in hauchdünnen Scheiben bei mittlerer Hitze 5 Minuten goldbraun anbraten, dabei häufig rühren. 200 g Zuckerschoten, 1 geputzte und grob gehackte rote Paprika und 200 g Sojasprossen bei großer Hitze 2–3 Minuten kurzbraten. 1 EL thailändische grüne Currypaste mit 6 EL Kokosmilch verrühren und in die Pfanne geben, 2 Minuten weiterrühren, bis sich alles gut vermischt hat.

 **Thailändisches Curryhuhn mit Zuckerschoten** 400 ml Kokosmilch, 1 Stängel Zitronengras, gehackt, 2,5 cm Ingwer, grob gehackt, 2 grob gehackte Kaffirlimettenblätter, 1 EL grüne Thai-Currypaste, 4 Hähnchenbrüste (à 150 g) in hauchdünnen Scheiben, 100 g Zuckerschoten und 2 grob gehackte rote Paprika zusammen in einen Topf geben und aufkochen lassen. 15–20 Minuten bei niedriger Hitze ziehen lassen. 2 EL Stärkemehl mit 2 EL kaltem Wasser verrühren. Den Topf vom Herd nehmen und die Stärkemischung einrühren. Den Topf wieder auf den Herd setzen und nochmals aufkochen, bis alles sämig ist. 8 EL gehackten Koriander einrühren und servieren.

30 French Toast mit Mozzarella

Für 4 Personen

4 Eier
8 Scheiben Vollkorntoast
2 EL Pflanzenöl
4 EL Olivenöl
1 Aubergine, in dünnen Scheiben
150 g Mozzarella, abgetropft,
  in 12 Scheiben
1 Handvoll Spinatblätter
4 EL rotes Pesto
Salz und frisch gemahlener
  schwarzer Pfeffer

• Die Eier in einer flachen Schüssel gut verquirlen und mit Salz und frisch gemahlenem schwarzem Pfeffer würzen. Die Brotscheiben von beiden Seiten in die Eimischung tauchen. Das Pflanzenöl in einer großen, schweren Pfanne erhitzen und die Brotscheiben darin bei mittlerer Hitze je Seite 30 Sekunden bis 1 Minute braten. Zum Warmhalten auf einem Teller stapeln und zudecken.

• Das Olivenöl in der Pfanne erhitzen und die Auberginenscheiben bei mittlerer Hitze 5–6 Minuten goldbraun braten, dabei einmal wenden. Zugedeckt warm halten.

• 4 Brotscheiben mit den Auberginenscheiben, je 3 Mozzarella-scheiben und einigen Spinatblättern belegen. Die restlichen 4 Brotscheiben mit dem Pesto bestreichen und mit der Pestoseite nach unten auf die belegten Brote legen. Gut andrücken. Die Brote in die Pfanne zurücklegen und bei niedriger Hitze 2 Minuten braten, dabei einmal wenden, bis der Mozzarella zu zerlaufen beginnt. Jedes Brot diagonal in zwei Teile schneiden, warm servieren.

---

1 French Toast mit Brie und Pinienkernen

8 Scheiben Vollkorntoast mit Butter bestreichen. 4 Scheiben mit Brie belegen und mit 2 EL gerösteten Pinienkernen bestreuen. Mit den restlichen Brotscheiben belegen und einmal diagonal durchschneiden. 2 Eier und 2 EL Milch in einer flachen Schüssel verquirlen und würzen. 1 EL Butter und 1 TL Olivenöl in einer Pfanne erhitzen. Die Brote von beiden Seiten in die Eimischung tauchen und bei mittlerer Hitze 2 Minuten pro Seite goldbraun braten. Mit Salsa (s. S. 50) servieren.

2 French Toast mit Pesto und gedünsteten Tomaten

Den Ofen auf 200 ºC vorheizen. 4 Tomaten halbieren und auf ein tiefes Back-blech setzen. Mit je 1 Basilikum-blatt belegen, mit Olivenöl beträufeln, salzen und pfeffern und etwa 15 Minuten im Ofen dünsten. In der Zwischenzeit 3 Eier in einer flachen Schüssel mit 1 EL Milch verquirlen und würzen. 8 Scheiben Vollkorn-toast auf beiden Seiten mit 150 g grünem Pesto bestreichen. 1 EL Olivenöl in einer großen, schweren Pfanne erhitzen, das Brot von beiden Seiten in die Eimischung tauchen und bei mittlerer Hitze pro Seite 1 Minute goldbraun braten (in zwei Durchgängen). Zum Servieren mit den gedünsteten Tomaten belegen.

Chili-Mais-Frikadellen mit frischer Salsa

Für 4 Personen

600 g Mais aus der Dose
70 g Weizenmehl
1 TL Backpulver
1 Ei, verquirlt
½ rote Paprika, fein gehackt
1 kleine rote Chilischote, fein gehackt
6 EL gehackter frischer Koriander
2 EL Pflanzenöl
schwarzer Pfeffer

Für die Salsa
1 EL Olivenöl
2 Tomaten, fein gehackt
½ kleine rote Chilischote, fein gehackt
1 EL brauner Zucker
2 EL gehackter frischer Koriander

- Den Mais abgießen. Die Hälfte im Mixer fein pürieren und mit dem restlichen Mais mischen. Mehl und Backpulver zusammen sieben, Ei, Paprika, Chili und Koriander hineingeben und alles gut mischen. Mit reichlich Salz und frisch gemahlenem schwarzem Pfeffer würzen.

- Das Pflanzenöl in einer großen Pfanne mit Antihaftbeschichtung erhitzen. Die Frikadellenmischung löffelweise hineingeben und bei mittlerer Hitze von beiden Seiten je 1 Minute goldbraun braten. Mit einer Schaumkelle herausheben und auf Küchenpapier abtropfen lassen. Zugedeckt warm halten, bis alle 8 Frikadellen gebraten sind.

- Inzwischen die Salsa zubereiten, gut salzen und pfeffern und in einer kleinen Servierschale anrichten.

- Die Frikadellen noch warm mit der Salsa servieren.

 Maisküchlein 150 g Pfannkuchenmischung nach Packungsangabe vorbereiten. 8 EL Mais (abgetropft) und 3 EL gehackten Koriander dazugeben und gut salzen und pfeffern. Etwas Pflanzenöl in einer Bratpfanne erhitzen, den Pfannkuchenteig darin bei mittlerer Hitze in 4 Portionen nacheinander backen: je 1 Minute von einer Seite braten, dann wenden und noch einige Sekunden weiterbraten. Die Pfannkuchen mit Salsa aus dem Glas oder Tetrapack und, wenn gewünscht, mit etwas Rucola füllen und servieren.

 **Mais-Krebs-Frikadellen** 600 g Mais aus der Dose abgießen und eine Hälfte davon im Mixer fein pürieren. Das helle und dunkle Fleisch eines gekochten Taschenkrebses mit den restlichen Maiskörnern, dem Maispüree und 2 fein gehackten Frühlingszwiebeln mischen. 1 verquirltes Ei mit ½ fein gehackten roten Paprika, 6 EL gehacktem frischem Koriander und viel schwarzem Pfeffer mischen und in die Mais-Krebs-Mischung geben. 2 EL Pflanzenöl in einer großen Pfanne mit Antihaftbeschichtung erhitzen. Je 4 TL der Frikadellenmischung hineingeben und bei mittlerer Hitze von beiden Seiten je 1 Minute goldbraun braten. Mit einer Schaumkelle herausheben und auf Küchenpapier abtropfen lassen. Zugedeckt warm halten und wie oben mit Salsa und Salatblättern servieren.

Auberginen-Knoblauch-Dip mit getoastetem Pita

Für 4 Personen

2 große Auberginen
2 TL gemahlener Kreuzkümmel
1 TL gemahlener Koriander
1 Knoblauchzehe, gehackt
150 ml Olivenöl
abgeriebene Schale und Saft
   von 1 Zitrone
4 EL gehackter frischer Koriander
Salz und frisch gemahlener
   schwarzer Pfeffer
Pita als Beilage

• Die Auberginen putzen und der Länge nach in dicke Scheiben schneiden. Kreuzkümmel, Koriander und Knoblauch mit dem Öl mischen, dann die Auberginen auf beiden Seiten damit einpinseln. Das restliche Öl aufbewahren.

• Eine große, schwere Pfanne erhitzen und die Auberginenscheiben darin portionsweise bei mittlerer Hitze 3–4 Minuten goldbraun braten, dabei einmal wenden.

• Die warmen Auberginenscheiben mit Zitronensaft und -zeste und dem restlichen Öl im Mixer grob pürieren. Mit Salz und frisch gemahlenem schwarzem Pfeffer würzen. Zuletzt den gehackten Koriander unterrühren und in einer kleinen Schüssel anrichten.

• Das Pita im Ofen oder Toaster goldbraun rösten, in Streifen schneiden und als Beilage servieren.

 Schneller Baba-Ganoush-Dip

200 g gegrillte Auberginenstreifen aus dem Glas, 2 EL Zitronensaft, 2 EL Tahini (Sesampaste), 1 gehackte Knoblauchzehe, ½ TL Salz und 1 große Prise gemahlenen Kreuzkümmel zusammen im Mixer pürieren, salzen und pfeffern. Wenn der Rauchgeschmack zu intensiv ist, 1 EL Naturjoghurt dazugeben und nochmals pürieren. In eine Schale geben, mit Olivenöl beträufeln und mit gehackter glatter Petersilie bestreuen. Mit Salat servieren.

 **Einfacher Caponata-Dip**

2 EL Olivenöl in einer großen, schweren Pfanne erhitzen und je 1 gehackte Zwiebel, gehackte Selleriestange, gelbe und rote geputzte und grob gehackte Paprika sowie 2 Knoblauchzehen in Scheiben bei mittlerer Hitze darin 15 Minuten dünsten, dabei häufig rühren. Dazu kommen noch 100 g marinierte Auberginen, grob gehackt, und 400 g gehackte Tomaten aus der Dose, außerdem 1 EL kleine Kapern, 1 Handvoll grüne Oliven ohne Stein, 1 EL

Rotweinessig und 1 EL Zucker. Alles gut durchmischen und den Dip mit Ciabatta servieren.

1 Eier Florentine

Für 4 Personen

15 g Butter
200 g Spinatblätter
4 Muffins, halbiert
4 Eier
3 EL gehackte glatte Petersilie
200 ml Sauce Hollandaise aus dem
  Glas oder Tetrapack
Salz und frisch gemahlener
  schwarzer Pfeffer

- Den Grill auf 180 ºC vorheizen. Einen Topf halb mit Wasser füllen und aufkochen lassen. Inzwischen die Butter in einer Pfanne erhitzen und den Spinat darin bei mittlerer Hitze 1–2 Minuten dünsten, bis er zusammengefallen ist. Salzen und pfeffern.

- Die Muffins mit der Schnittfläche nach oben goldgelb toasten. Inzwischen jeweils 2 Eier auf einmal in kochendem Wasser pochieren. Das Eiweiß soll fest, der Dotter jedoch noch weich sein.

- Die warmen Muffinhälften mit Butter bestreichen und den Spinat darauf verteilen. Je 1 Ei auf 2 Muffinhälften setzen. Die Hollandaise mit der Petersilie verrühren und löffelweise über die Eier geben. Mit schwarzem Pfeffer bestreut servieren.

 Eier Florentine mit Lauchkäsesauce 25 g Butter in einem Topf erhitzen und 2 fein gehackte Lauchstangen darin bei mittlerer Hitze unter häufigem Rühren 3–4 Minuten dünsten, bis sie Farbe annehmen. 25 g Mehl einrühren, den Topf vom Herd nehmen und 400 ml kalte Milch nach und nach dazugeben, jeweils gut verrühren. 1 EL englischen Senf anrühren, gut einrühren und den Topf wieder auf den Herd stellen. Alles zum Kochen bringen und rühren, bis die Sauce abgebunden hat, dann 2 EL frisch gemahlenen Parmesan dazugeben. Spinat, Muffins und Eier wie oben zubereiten, jedoch das Gericht statt mit Hollandaise mit der Käsesauce anrichten. Nach Geschmack mehr Parmesan dazureichen.

 **Gebackene Eier mit Spinat und Parmesanbutter** Den Ofen auf 200 ºC vorheizen. 100 g weiche Butter (Zimmertemperatur) mit 2 EL abgetropften, gehackten, getrockneten Tomaten in Öl, 2 EL frisch geriebenem Parmesan und 2 EL gehacktem Basilikum verrühren. 2 EL der Kräuterbutter in einer großen Pfanne erhitzen und 400 g Blattspinat darin 2–3 Minuten bei mittlerer Hitze dünsten, bis er zusammengefallen ist. Den Spinat auf vier Auflaufförmchen verteilen, 1 Ei in jedes Förmchen schlagen und 1 Flocke Kräuterbutter daraufsetzen. Für 12–15 Minuten in den Ofen schieben. 8 dicke Baguettescheiben mit der restlichen Kräuterbutter bestreichen und während der letzten 5–6 Minuten Backzeit zu dem Spinat in den Ofen geben, zusammen servieren.

Blumenkohlkäsesuppe

Für 4 Personen

1 Blumenkohl, in Röschen
600 ml Hühnerbrühe
300 ml Milch
25 g Butter
2 Lauchstangen, in dünnen Streifen
2 TL englischers Senfpulver,
  angerührt
1 TL geriebene Muskatnuss
100 g Cheddar, gerieben
3 EL Pflanzenöl
2 dicke Scheiben Weiß- oder
  Graubrot, in Würfeln
½ TL Paprikapulver
schwarzer Pfeffer

- Blumenkohlröschen, Hühnerbrühe und Milch in einem Topf zusammen aufkochen. Temperatur herunterschalten und den Blumenkohl 10 Minuten gar ziehen lassen.

- Inzwischen die Butter in einer schweren Pfanne erhitzen und den Lauch bei mittlerer Hitze 5 Minuten dünsten. Gelegentlich umrühren.

- Den Blumenkohl mit Senf und Muskatnuss würzen und den Käse einrühren, dann alles im Mixer fein pürieren. Wieder aufkochen lassen, den Lauch dazugeben und mit etwas schwarzem Pfeffer würzen. Schwach kochen lassen und währenddessen die Croutons zubereiten.

- Das Öl in einer großen, schweren Pfanne erhitzen. Die Brotwürfel in der Paprika wenden und in der Pfanne bei großer Hitze 2 Minuten unter häufigem Rühren goldbraun rösten. Die Croutons mit einer Schaumkelle aus der Pfanne nehmen und auf Küchen-papier abtropfen lassen.

- Die Suppe auf vorgewärmte Teller verteilen und mit den Croutons bestreut servieren.

Schnelle Blumen-kohlkäsesuppe

600 ml Hühnerbrühe, 300 ml Milch, 250 g gehackten TK-Spinat, 2 TL angerührten englischen Senf und 1 TL geriebene Muskatnuss auf-kochen. Die Temperatur reduzieren, 300 ml Käsesauce aus dem Glas oder Tetrapack dazugeben und 2 Minuten köcheln lassen. Die Suppe auf vorgewärmte Teller verteilen, mit Croutons aus der Packung be-streuen und servieren.

Mit Käse über-backener Blumenkohl

Den Ofen auf 200 ºC vorheizen. Einen Blumenkohl putzen, in Rös-chen zerteilen und in einem Topf mit Wasser zum Kochen bringen. Die Temperatur reduzieren und den Blumenkohl 10 Minuten köcheln lassen. Inzwischen 50 g Butter in einem Topf zerlassen, 50 g Stärke-mehl einrühren und bei mittlerer Hitze unter ständigen Rühren einige Sekunden erhitzen. Den Topf vom Herd nehmen und nach und nach 600 ml kalte Milch dazugeben, je-weils gut verrühren. Den Topf auf den Herd zurückstellen und unter ständigem Rühren kochen, bis die Mehlschwitze abbindet. 100 g ge-riebenen Cheddar, 2 TL englischen Senf und 1 TL geriebene Muskat-nuss einrühren. Den Bumenkohl abgießen und in eine ofenfeste Form geben. Mit der Käsesauce übergießen, mit 50 g geriebenem Cheddar bestreuen und 5 Minuten im Ofen goldbraun überbacken.

Minipizza mit Artischocken, Oliven und Taleggio

Für 4 Personen

150 g Pizzateig aus dem Kühlregal
Mehl zum Bestäuben
4 EL Tomatenmark
300 g eingelegte Artischocken
   aus dem Glas, abgegossen
4 EL Kalamata-Oliven ohne Stein
100 g Taleggio, in Scheiben
Rucola mit Zitronen-Olivenöl-
   Vinaigrette (nach Geschmack)

- Den Ofen auf 220 ºC vorheizen. Pizzateig nach Packungsangabe vorbereiten und kurz auf einer bemehlten Arbeitsfläche durchkneten. 4 Minipizzas von je ca. 12 cm Ø formen und auf ein Backblech legen.

- Jede Pizza mit 1 TL Tomatenmark bestreichen, dann mit den Artischocken und Oliven bestreuen.

- Die Taleggio-Scheiben darüberverteilen, sodass die Oberfläche mit Belag bedeckt ist. 12 Minuten im Ofen backen, bis die Ränder leicht gebräunt sind.

- Die Pizzas heiß servieren und nach Wunsch Rucola mit Zitronen-Olivenöl-Vinaigrette dazureichen.

 Ciabatta mit Artischocken und getrockneten Tomaten Den Ofen auf 220 ºC vorheizen. 2 Ciabatta mit Oliven quer durchschneiden, mit 4 EL Tomatenmark bestreichen und mit 250 g eingelegten Artischocken aus dem Glas, abgegossen, 1 Handvoll getrocknete Tomaten und 160 g Mini-Mozarellakugeln belegen. Zuletzt Parmesan darüberreiben. 4–5 Minuten backen, bis der Käse leicht gebräunt ist und Blasen wirft.

 **Pizza mit Pancetta, Ziegenkäse und Artischocken** Den Ofen auf 220 ºC vorheizen. 2 Pizzas aus dem Kühlregal (z. B. Margherita) auf ein Backblech legen und mit 2 EL grünem Pesto bestreichen. Darauf 250 g eingelegte Artischocken aus dem Glas, abgegossen, 75 g gewürfelten Pancetta (italienischer Bauchspeck) und 150 g Ziegenkäse in Scheiben verteilen. 12 Minuten im Ofen goldbraun backen. Zum Servieren halbieren, Salat dazureichen.

QuickFamily
Fleischgerichte

Rezepte nach Zubereitungszeit

30

20

 # Gegrilltes Hähnchenfleisch mit Salsa und Fruchtcouscous

Für 4 Personen

4 Hähnchenbrüste (à ca. 150 g)

6 EL Balsamicoessig

200 g Couscous

3 TL Olivenöl

1 Avocado, geschält,
   grob gehackt

1 große Tomate, grob gehackt

5 EL gehackter frischer Koriander

50 g Rosinen

4 EL Kürbiskerne

Salz und frisch gemahlener
   schwarzer Pfeffer

- Die Hähnchenbrüste in ein nichtmetallisches Gefäß geben, mit dem Essig übergießen, gut darin wenden und zugedeckt 5 Minuten marinieren lassen.

- 350 ml Wasser aufkochen und etwas abkühlen lassen. Den Couscous in eine Schüssel geben, mit dem Wasser übergießen und leicht salzen. Zugedeckt 10 Minuten quellen lassen.

- Inzwischen 1 EL Olivenöl in einer großen Brat- oder Grillpfanne erhitzen und das Hähnchen darin bei mittlerer Hitze 10–12 Minuten leicht braun braten, einmal wenden.

- Während das Fleisch brät, die Salsa zubereiten. Dafür die Avocado und Tomate mit 1 EL Olivenöl und 1 TL gehackten Koriander in einer Schüssel gut verrühren.

- Das restliche Olivenöl, die Rosinen, Kürbiskerne und den restlichen Koriander in den Couscous geben und gut durchmischen. Alles auf vorgewärmten Tellern anrichten und etwas Salsa darübergeben.

 Hähnchencouscous mit getrockneten Tomaten 100 g Instantcouscous nach Packungsangabe zubereiten. 2 EL Öl in einer Pfanne erhitzen und 400 g vorgegarte Hähnchenbrust darin 3 Minuten lang erhitzen. 5 grob gehackte getrocknete Tomaten und 1 grob gehackte rote Paprika dazugeben, 5 Minuten unter Rühren darin garen. 2 gehackte Frühlingszwiebeln, je 1 EL Honig und Balsamico, 1 TL körnigen Senf und den Couscous in die Pfanne geben, gut mischen.

 **Grillhuhn mit Salsa und Zitronencouscous** 4 Hähnchenbrüste (à ca. 150 g) wie oben zubereiten. Inzwischen 200 g Couscous in einer Schüssel mit 300 ml heißer Hühnerbrühe übergießen und zugedeckt 10 Minuten quellen lassen und die Salsa zubereiten: 1 geschälte, entsteinte, grob gehackte Mango, 1 kleine, fein gehackte rote Zwiebel, 1 gehackte Tomate und 1 TL gehackten Koriander in einer Servierschüssel mischen. In einer anderen Schüssel die abgeriebene Schale und den Saft von 1 Zitrone, je 1 EL Olivenöl, Balsamicoessig, gehackte Minze und 1 Prise Zucker verrühren. Den Couscous damit übergießen und gut durchmischen. Wie oben mit Huhn und Salsa servieren.

Süßsaures Schweinefleisch mit frischer Ananas

Für 4 Personen

1 EL Pflanzenöl
½ Ananas, geschält und gewürfelt
1 Zwiebel, sehr grob gehackt
1 orangefarbene Paprika,
   geputzt und grob gehackt
400 g Schweinefilet, in Streifen
100 g Zuckerschoten, halbiert
6 EL Tomatenketchup
2 EL brauner Zucker
2 EL Weißwein- oder Malzessig
Eiernudeln als Beilage
   (nach Wunsch)

- Das Öl in einem Wok oder einer großen, schweren Pfanne erhitzen und die Ananas darin 3–4 Minuten bei großer Hitze leicht bräunen. Mit einer Schaumkelle herausheben. Zwiebel und Paprika in die Pfanne geben und 5 Minuten unter Rühren kurz anbraten. Schweinefleisch dazugeben und 5 Minuten unter Rühren braun braten.

- Die Ananas mit den Zuckerschoten in die Pfanne geben und 2 Minuten unter Rühren kurz anbraten. Tomatenketchup, Zucker und Essig verquirlen und in die Pfanne gießen. Gut durchmischen und nochmals 1 Minute rühren, sofort servieren.

- Nach Geschmack Eiernudeln als Beilage servieren.

**Süßsaure Schweine-
fleischpfanne**

Den Saft von 400 g Ananas aus der Dose abgießen. 5 EL davon mit 2 EL Speisestärke, 4 EL Reisessig und je 2 EL Tomatenketchup, dunkler Sojasauce und Farinzucker verquirlen. 1 EL Pflanzenöl in einer Pfanne erhitzen, 200 g Schweinefleisch in Streifen darin bei großer Hitze 2 Minuten unter Rühren kurz anbraten. 1 gehackte rote Paprika dazugeben, 2 Minuten weiterrühren, 5 gehackte Frühlingszwiebeln, die Ananas und die Sauce dazugeben, erhitzen und mit Nudeln servieren.

**Süßsaures
Schweinefleisch**

im Ofen gebacken Den Ofen auf 180 ºC vorheizen. 5 EL Hoisin-Sauce, 2 EL roten chinesischen Reiswein (Kochwein), 2 EL Sonnenblumenöl, 1 EL dunkle Sojasauce, 100 g gehackte Frühlingszwiebeln und 3 gehackte Knoblauchzehen gut verquirlen. 4 Schweineschultersteaks (à ca. 175 g) in eine feuerfeste Form geben, mit der Mischung übergießen und für 20 Minuten im Ofen garen, dann mit 1 TL flüssigem Honig beträufeln und noch 5 Minuten weitergaren. Inzwischen 1 EL Sesamöl in einer großen Pfanne erhitzen und ½ geschälte und in Würfel geschnittene frische Ananas darin bei großer Hitze 3 Minuten unter Rühren kurz anbraten. 1 Handvoll Pak Choi dazugeben und weiterrühren, bis er zusammengefallen ist. Das Fleisch mit der Ananasmischung auf Eiernudeln servieren.

Hähnchenburger mit Estragon

Für 4 Personen

500 g Hähnchenbrüste ohne Haut,
   in Würfel geschnitten
1 EL körniger Senf
3 EL gehackter Estragon
½ kleine rote Chilischote,
   fein gehackt (nach Wunsch)
4 Vollkornbrötchen
schwarzer Pfeffer
Sauce Béarnaise aus dem Glas
frischer Rucola mit Zitronensaftdressing zum Servieren

- Den Ofengrill vorheizen. Das Hühnerfleisch im Mixer pürieren. In eine Schüssel geben und mit dem Senf, dem Estragon und der gehackten Chilischote gut mischen. Mit schwarzem Pfeffer würzen. Zu vier großen Frikadellen formen.

- Die Frikadellen auf einen mit Alufolie abgedeckten Grillrost legen und 4–5 Minuten pro Seite goldbraun grillen. Die Brötchen halbieren und mit der offenen Seite nach oben für die letzte Minute mit auf den Grill legen.

- Die unteren Brötchenhälften mit einem heißen Burger belegen und je ein Löffel Sauce Béarnaise aus dem Glas und eine Handvoll frischer Rucolablätter in Zitronensaft darübergeben. Die obere Brötchenhälfte daraufsetzen und sofort servieren.

Knusprige Hähnchen- burger mit Estragon-mayonnaise Ofengrill auf 200 ºC vorheizen. 4 Hähnchenbrüste ohne Haut (à 150 g) zwischen 2 Schichten Küchenfolie legen und mit einem Nudelholz auf die halbe Dicke zusammenklopfen. 1 Ei mit 1 TL Dijonsenf verquirlen. 100 g frische Semmelbrösel in eine Schüssel geben. Das Fleisch erst in die Eimischung, dann in die Semmelbrösel tauchen, auf jeder Seite 4 Minuten goldbraun grillen. Währenddessen 1 EL gehackten Estragon, 1 TL Zitronensaft und 4 EL Mayonnaise verrühren. Das Fleisch mit der Mayonnaise und frischem Salat auf getoasteten Brötchen servieren.

Brathuhn mit Estragon und getrockneten Tomaten In 4 Hähnchenbrüste ohne Haut (à ca. 150 g) der Länge nach eine Tasche einschneiden. Jede Tasche mit 4 getrockneten Tomaten und 1 großen Estragonzweig füllen. Das Fleisch mit Küchenschnur oder einem Cocktailspieß zusammenhalten. 2 EL Olivenöl in einer großen, Pfanne erhitzen und das Fleisch darin bei mittlerer Hitze auf jeder Seite 5 Minuten braten. 300 ml Hühnerbrühe dazugießen und aufkochen lassen. Die Temperatur reduzieren, mit Deckel 10 Minuten ziehen lassen. Inzwischen 1 Ei im Mixer mit 2 TL Dijonsenf verquirlen.

Bei laufendem Mixer nach und nach 200 ml Pflanzenöl in dünnem Strahl dazugeben, bis die Sauce dick und cremig geworden ist. Zuletzt 3 EL gehackten Estragon dazugeben. Das Fleisch auf vorgewärmten Tellern mit der Sauce servieren.

Bohnen-Wurst-Eintopf mit Rosmarin

Für 4 Personen

1 EL Olivenöl

12 Bratwürste von guter Qualität

1 rote Zwiebel, in Scheiben

2 rote Spitzpaprika,
 halbiert und grob gehackt

1 EL gehackter frischer Rosmarin

400 g dunkle Bohnen aus der Dose,
 z. B. Azukibohnen, gewaschen
 und abgegossen

400 g weiße Bohnen aus der Dose,
 gewaschen und abgegossen

400 g Kirschtomaten

150 ml Rinderbrühe

warmes dunkles Bauernbrot
 als Beilage (nach Wunsch)

- Das Öl in einer tiefen, schweren Pfanne erhitzen und die Bratwürste darin bei mittlerer Hitze 10 Minuten lang von allen Seiten braun braten. Mit einer Schaumkelle herausheben und auf Küchenpapier abtropfen lassen. Das Öl bis auf 1 EL aus der Pfanne abgießen und die Zwiebel und Paprika darin 3–4 Minuten weich dünsten. Rosmarin dazugeben und 1 Minute weiterdünsten.

- Bohnen, Tomaten und Brühe in die Pfanne geben und aufkochen. Die Bratwürste dazugeben, die Temperatur reduzieren und alles zusammen 10 Minuten ziehen lassen.

- Auf vorgewärmten Tellern anrichten und nach Wunsch warmes Bauernbrot dazureichen.

 Chili mit Schwarzaugenbohnen

1 EL Olivenöl in einem großen, schweren Topf erhitzen und 2 gehackte Zwiebeln, 1 fein gehackte grüne Chilischote und 1 TL frisch geraspelten Ingwer darin unter häufigem Rühren 5 Minuten lang dünsten. 1 TL Harissa und 100 g entsteinte, gehackte Aprikosen dazugeben und gut durchmischen. 400 g Kirschtomaten und 400 g Schwarzaugenbohnen aus der Dose, abgegossen, dazugeben und 5 Minuten unter Rühren kochen. Mit Salz und frisch gemahlenem schwarzem Pfeffer abschmecken.

Gehackten Koriander mit griechischem Joghurt verrühren, zusammen mit Couscous zum Eintopf servieren.

 **Eintopf mit Chorizo, Huhn und Kichererbsen** 1 EL Pflanzenöl in einer Pfanne erhitzen und 3 in dünne Scheiben geschnittene Hühnerbrüste (à 150 g) darin mit 1 gehackten Zwiebel und 1 gehackten Knoblauchzehe bei mittlerer Hitze unter Rühren 5 Minuten anbraten. 1 Chorizo abziehen, in Scheiben schneiden und 2 Minuten mit dem Huhn zusammen dünsten. 800 g Kichererbsen aus der Dose und je 1 TL Kreuzkümmel und geräuchertes Paprikapulver dazugeben, 10 Minuten ziehen lassen und mit gehackter glatter Petersilie bestreuen. Mit Wildreis servieren.

Mango-Spinat-Salat
mit warmem Erdnusshuhn

Für 4 Personen

2 EL Sesamöl

2 Hähnchenbrüste (à 175 g)
   ohne Haut, in dünnen Scheiben

150 g frische Spinat- und
   Kresseblätter

1 große, reife Mango,
   geschält, in Scheiben

4 EL grobe Erdnussbutter

5 EL Kokosmilch

2 EL süße Chilisauce

- In einer großen, schweren Pfanne 1 EL Sesamöl erhitzen und das Hähnchenfleisch darin bei großer Hitze unter Rühren 5–6 Minuten goldbraun braten.

- Inzwischen den frischen Salat mit der Mango in eine Schüssel geben, mit dem restlichen Sesamöl beträufeln und gut mischen.

- Die restlichen Zutaten mit 4 EL Wasser zu dem Hähnchenfleisch in die Pfanne geben und noch 1 Minute unter Rühren weiterdünsten. Zu dem Salat geben, nochmals gut mischen und sofort servieren.

Hähnchen-Mango-Kebabs Den Grill auf 220 °C vorheizen. 3 Hähnchenbrüste ohne Haut (à 175 g) in grobe Würfel schneiden und in eine Schüssel geben. 4 EL dunkle Sojasauce, 1 cm Ingwer, gehackt, und ½ TL Chinagewürz (Five Spice) dazugeben, alles gut mischen und 5 Minuten marinieren lassen. Inzwischen 1 Mango schälen, entsteinen und in grobe Würfel schneiden. In eine Schüssel geben und mit 1 EL Sesamöl und 2 TL gehacktem frischen Koriander mischen. Die Hähnchenfleisch- und Mangostücke auf 8 Schaschlikspieße verteilen und 8–10 Minuten goldbraun grillen, dabei gelegentlich drehen.

Hähnchenpfanne mit Mango und Erdnusssauce 4 Hähnchenbrüste ohne Haut (à 150 g) in grobe Würfel schneiden. 1 EL Pflanzenöl in einem Wok oder einer großen, schweren Pfanne erhitzen und das Fleisch darin bei mittlerer Hitze 8–10 Minuten unter Rühren goldbraun braten. 2 große Karotten schälen, in Stifte schneiden und 5 Minuten scharf anbraten. 1 Bund grob gehackte Frühlingszwiebeln und 200 g Zuckerschoten dazugeben und noch 2 Minuten dünsten, dann ½ geschälte und in dünne Scheiben geschnittene Mango dazugeben und noch 1 Minute unter Rühren dünsten. Die Pfanne vom Herd nehmen.

3 EL grobe Erdnussbutter und 2 EL dunkle Sojasauce mit 150 ml kochendem Wasser glatt rühren. In die Pfanne gießen, die Pfanne wieder auf den Herd stellen und noch etwa 2 Minuten dünsten, dabei vorsichtig rühren, damit die Mango nicht zerfällt.

Rinderfilet mit Senfkruste und Ofenkartoffeln

Für 4 Personen

25 g Butter
500 g Rinderfilet im Stück
3 EL körniger Senf
1 EL Dijonsenf
3 EL frischer Thymian
2 EL gehackte glatte Petersilie

Für die Ofenkartoffeln
4 Backkartoffeln, gewaschen,
  in Spalten zerteilt
2 EL Olivenöl
½ TL Meersalzflocken
½ TL englisches Senfpulver
3 EL gehackte glatte Petersilie

Salat als Beilage (nach Wunsch)

- Den Ofen auf 220 ºC vorheizen. Die Kartoffelspalten auf ein großes Backblech verteilen und mit dem Öl beträufeln. Gut mischen, Meersalz und Senfpulver darüberstreuen und nochmals gut vermengen, dann 20 Minuten im Ofen backen.

- Inzwischen die Butter in einer großen schweren Pfanne erhitzen und das Filet darin bei großer Hitze auf allen Seiten scharf anbraten, bis sich die Poren gut verschlossen haben. Aus der Pfanne nehmen, Senf und Kräuter verrühren und das Fleisch damit bestreichen. Das Fleisch zu den Kartoffeln in den Ofen geben, sofern genug Platz ist (ansonsten in eine separate Form legen) und noch etwa 15 Minuten im Ofen weitergaren. Es soll in der Mitte noch rosa sein.

- Das Fleisch in Scheiben schneiden. Die Kartoffeln mit Petersilie bestreuen und nach Wunsch mit einem gemischten Salat als Beilage servieren.

Minutensteaks mit Rucolasauce

50 g frischen Rucola, 4 EL scharfe Meerettichsauce, 1 Knoblauchzehe, 1 TL Dijonsenf und 200 g halbfette Crème fraîche im Mixer pürieren (einige Rucolablätter zum Garnieren zurückbehalten). 1 EL Olivenöl in einer großen Pfanne erhitzen und 4 dünn geschnittene Lendensteaks (à 150 g) bei großer Hitze auf jeder Seite 1 ½ Minuten scharf anbraten. Das Fleisch etwas ruhen lassen, während die Sauce erwärmt wird. Die Steaks mit Kartoffeln und Sauce anrichten und mit Rucola servieren.

Pfeffer-Senf-Steaks mit Kürbis

Den Ofen auf 220 ºC vorheizen. 350 g küchenfertige Butternut-Kürbis-Spalten auf ein Backblech legen und in 2 EL Olivenöl und ½ TL Meersalzflocken wenden. 15–17 Minuten im Ofen goldbraun rösten. Inzwischen eine Grillpfanne erhitzen. 4 Lendensteaks (à 175 g) mit Olivenöl einpinseln. Je 3 EL gemischte, zerstoßene Pfefferkörner und Dijonsenf verrühren und die Steaks damit bestreichen. Die Steaks 6–8 Minuten scharf anbraten, einmal wenden. 5 Minuten ruhen lassen, dann mit dem Butternut-Kürbis auf Tellern anrichten und mit 1 Löffel Mayonnaise aus dem Glas und frischem grünen Salat servieren.

Jambalaya mit Huhn, Chorizo und Paprika

Für 4 Personen

200 g Langkornreis
1 EL Olivenöl
250 g Chorizo, in dicken Scheiben
1 Zwiebel, gehackt
400 g Hähnchenbrust ohne Haut,
   in Würfel geschnitten
1 rote Paprika, grob gehackt
1 grüne Paprika, grob gehackt
1 gelbe Paprika, grob gehackt
2 Selleriestange, gehackt
2 EL kaltes Wasser
1 EL Speisestärke
600 ml Hühnerbrühe
400 g gehackte Tomaten
   aus der Dose
Salz und frisch gemahlener
   schwarzer Pfeffer
4 EL gehackte glatte Petersilie

- Einen Topf mit Salzwasser zum Kochen bringen, den Reis darin 15 Minuten garen, abgießen.

- Inzwischen das Öl in einer großen, schweren Pfanne erhitzen und die Chorizo, das Hähnchenfleisch und die Zwiebel darin bei mittlerer Hitze unter gelegentlichem Rühren 10 Minuten goldbraun dünsten. Paprika und Sellerie dazugeben und 5 Minuten weiterdünsten, gelegentlich umrühren.

- Wasser und Stärkemehl verquirlen, in die Brühe einrühren, mit den Tomaten in die Pfanne geben und alles zusammen aufkochen. Die Temperatur herunterschalten und 5 Minuten ziehen lassen. Den Reis dazugeben und mit viel schwarzem Pfeffer würzen.

- Mit Petersilie bestreut und mit Bauernbrot und grünem Salat als Beilage servieren.

Kreolische Jambalaya

1 El Olivenöl in einem Topf erhitzen, 1 gehackte Zwiebel darin 5 Minuten glasig dünsten. Dabei umrühren. 200 g Chorizo in Scheiben, 4 gekochte Hähnchenbrüste ohne Haut (à 150 g), in groben Würfeln, und 1 TL kreolische Gewürzmischung dazugeben. 1 Minute rühren, dann 350 ml Tomatensauce aus dem Glas oder Tetrapack, 100 ml Hühnerbrühe und 600 g gegarten Express-Reis dazugeben. Erhitzen, nach Geschmack würzen, sofort servieren.

Cajun-Jambalaya

Ofengrill vorheizen. 4 gekochte Hähnchenbrüste ohne Haut (à 150 g) mit 1 EL kreolische Gewürzmischung in eine Plastiktüte geben und gut durchkneten, bis das Fleisch gleichmäßig gewürzt ist. Dann je 6 Minuten auf jeder Seite goldbraun grillen. Inzwischen 500 g Langkornreis nach Packungsangabe zubereiten und mit 250 g frischer, gewürfelter Ananas, 25 g gehacktem Koriander, 3 gehackten Frühlingszwiebeln und 1 fein gehackten roten Chilischote in in eine große Schüssel geben. Gut durchmischen, würzen und auf Teller verteilen. Das Hähnchenfleisch in Scheiben schneiden und mit je 1 EL frischer Salsa und Naturjoghurt auf dem Reis anrichten.

30 Hähnchentopf mit Honigwurzelgemüse

Für 4 Personen

4 Hähnchenbrüste ohne Haut
(à 175 g)
2 große Backkartoffeln, geschält
und gewürfelt
6 Pastinaken, geschält und gewürfelt
6 Karotten, geschält und gewürfelt
4 EL Olivenöl
100 g Bratwurstbrät oder
Farce aus dem Kühlregal
2 Lauchstangen, halbiert
und grob gehackt
3 EL flüssiger Honig
2 EL gehackte glatte Petersilie
Salz und frisch gemahlener
schwarzer Pfeffer

- Den Ofen auf 220 ºC vorheizen. Hähnchenbrüste, Kartoffeln, Pastinaken und Karotten auf ein großes Backblech geben, mit dem Öl beträufeln und gut mischen. Mit Salz und frisch gemahlenem schwarzem Pfeffer würzen und 20 Minuten im Ofen garen

- Das Brät bzw. die Farce zu vier Klößen formen.

- Die Klöße zu Fleisch und Gemüse in den Ofen geben und noch 5–6 Minuten weitergaren, bis der Lauch durchgegart, aber noch knackig ist.

- Fleisch und Klöße herausnehmen. Honig und Petersilie zu dem Gemüse geben und vorsichtig durchmischen. Fleisch, Klöße und Gemüse auf Serviertellern anrichten.

 Schnelles Honig-huhn mit Klößen und Gemüse Den Grill auf 220 ºC vorheizen. 750 g TK-Mischgemüse (mediterrane Mischung) auftauen lassen. 100 g Bratwurstbrät oder Farce aus dem Kühlregal zu 4 Klößen formen und 3–4 Minuten goldbraun grillen, dabei mehrmals wenden. Inzwischen 2 EL Olivenöl in einer großen Pfanne erhitzen und das Gemüse darin bei großer Hitze 5 Minuten unter Rühren dünsten. 4 gekochte, in große Stücke zerteilte Hühnerbrustfilets dazugeben und 2 Minuten erhitzen. 3 El flüssigen Honig und 2 EL gehackte glatte Petersilie dazugeben, alles gut mischen und sofort servieren.

 **Würstchen im Schinkenmantel mit Klößen und Gemüse** Den Ofen auf 200 ºC vorheizen. 8 Chipolata (pikante Würstchen) in je 1 Scheibe Parmaschinken wickeln und in eine ofenfeste Form legen, für 5 Minuten den Ofen schieben. 750 g TK-Gemüse (z. B. mediterrane Mischung), aufgetaut, dazugeben, mit Olivenöl beträufeln und 8 Minuten weitergaren. Inzwischen 100 g Bratwurstbrät oder Farce aus dem Kühlregal zu kleinen Klößen formen und 6 Minuten mitgaren. Mit Balsamicoessig beträufeln und servieren.

 # Mediterrane Lamm-Gemüse-Pfanne

Für 4 Personen

2 El Olivenöl

250 g Lammlachs

1 Gemüsezwiebel, in Scheiben

2 große Zucchini, grob gehackt

2 TL zerstoßener Koriandersamen

½ TL gemahlener Kreuzkümmel

½ TL Paprikapulver

1 rote Paprika, grob gehackt

1 Knoblauchzehe, in Scheiben

400 g Kirschtomaten

1 Handvoll frischer Koriander, gehackt

schwarzer Pfeffer

warmes Vollkornbrot als Beilage

- Das Öl in einer großen, schweren Pfanne erhitzen. Das Lammfleisch in dünne Scheiben schneiden und mit der Zwiebel bei großer Hitze 2–3 Minuten scharf anbraten. Die Zucchini dazugeben und unter Rühren etwa 2 Minuten dünsten.

- Die Gewürze dazugeben und gut mischen. Paprika und Knoblauch dazugeben, die Temperatur herunterschalten und noch 4–5 Minuten dünsten.

- Die Tomaten und reichlich schwarzen Pfeffer dazugeben und alles zusammen aufkochen lassen. Die Temperatur herunterschalten und zugedeckt 5 Minuten ziehen lassen, bis das Gemüse gar ist, jedoch noch Biss hat.

- Kurz vor dem Servieren den Koriander dazugeben und gut umrühren. Mit warmem, knusprigem Vollkornbrot servieren.

 ### Lamm-Gemüse-Kebabs

Den Ofengrill vorheizen. 250 g Lammlachs in kleine Stücke schneiden und mit je 1 TL gemahlenem Kreuzkümmel und Paprika bestreuen und sowie mit Salz und frisch gemahlenem schwarzem Pfeffer würzen. Zusammen mit 2 grob gehackten Zucchini und 250 g Kirschtomaten auf Kebab-Spieße verteilen und mit Olivenöl einpinseln. Die Spieße 8 Minuten goldbraun grillen, dabei einmal drehen. Mit warmem Pita und Zaziki aus dem Kühlregal servieren.

 ### Mediterrane Lamm-schmorpfanne mit

Gemüse 2 EL Olivenöl in einer großen, schweren Pfanne erhitzen und 250 g in dünne Scheiben geschnittenen Lammlachs mit 1 großen Gemüsezwiebel darin bei großer Hitze 2–3 Minuten unter ständigem Rühren scharf anbraten. 2 grob gehackte Zucchini dazugeben und 2 Minuten weiterdünsten. 2 TL leicht zerstoßene Koriandersamen und je ½ TL Kreuzkümmel und Paprika dazugeben und gut mischen. 1 rote, 1 gelbe und 1 grüne, grob gehackte Paprika und 1 in Scheiben geschnittene Knoblauchzehe dazugeben, die Temperatur reduzieren und 4–5 Minuten unter ständigem Rühren weiterdünsten. 250 g Kirschtomaten und 150 ml Lammbrühe in die Pfanne geben, alles zusammen aufkochen. Die Temperatur reduzieren, den Deckel auflegen und 15 Minuten garen. Gelegentlich umrühren.

Rindfleisch-Teriyaki-Sandwich mit Sojasprossensalat

Für 4 Personen

400 g Lendensteak
2 EL dunkle Sojasauce
1 EL Pflanzenöl
1 TL Chinagewürz (Five Spice)
2,5 cm Ingwer, geschält und geraspelt
1 großes Ciabatta

Für den Salat
100 g Sojasprossen
1 rote Paprika, in dünnen Streifen
4 EL gehackter frischer Koriander
1 EL Sesamöl
6 EL süße Chilisauce

- Das Steak mit einem scharfen Messer schräg in sehr dünne Streifen schneiden. Sojasauce, Öl, Chinagewürz und Ingwer in einer Schüssel mischen, dann das Fleisch dazugeben, gut wenden und 5 Minuten darin marinieren.

- Den Ofen auf 200 ºC vorheizen, das Brot vierteln, auf ein Backblech legen und 10 Minuten aufbacken.

- Inzwischen alle Salatzutaten in eine Schüssel geben und gut mischen. Eine große Brat- oder Grillpfanne erhitzen. Das Fleisch portionsweise aus der Marinade heben und je 1 Minute scharf anbraten, einmal wenden.

- Das warme Brot mit dem Fleisch füllen und mit dem Sojabohnen-sprossensalat servieren.

Schnelles Rindfleisch-sandwich mit Meer-rettichsahne Eine große Brat- oder Grillpfanne erhitzen. 4 Rumpsteaks (à 150 g) mit Salz und schwarzem Pfeffer würzen, je 3 Minuten von jeder Seite scharf anbraten, eine Weile ruhen lassen. 100 g Crème fraîche, 4 EL Meerrettichsauce und den Saft von 1 Zitrone verquirlen. Salzen und pfeffern. Die Steaks in 1 cm dicke Scheiben schneiden auf 4 Brötchen verteilen. Meerrettich-sauce darübergeben. Mit Brunnen-kresse und karamellisierten Zwiebeln aus dem Glas servieren.

Rindfleischsandwich „New York Deli" Einen Kontaktgrill erhitzen. 300 g gekochtes mageres Rindfleisch in dünne Scheiben schneiden. Für den Krautsalat ½ kleinen Kopf Rotkohl, fein gehobelt, ½ rote Zwiebel in dünnen Ringen, den Saft von ½ Zitrone, 1 EL Olivenöl, 1 Handvoll Petersilie, gehackt, Salz und frisch gemahlenen schwarzen Pfeffer gut mischen. Für das Dressing je 4 EL Crème fraîche und Tomatenketchup verquirlen. 8 Scheiben Sauerteig-brot mit Butter bestreichen. 4 Brot-scheiben mit je 1 Scheibe Gruyère belegen. Den Krautsalat darauf verteilen und mit gehackter Peter-silie bestreuen. Die 4 übrigen Brotscheiben mit der Butterseite nach unten auflegen, gut an-drücken und auf beiden Seiten bei großer Hitze goldbraun grillen. Mit Cornichons servieren.

1 Gebratener Reis

Für 4 Personen

2 EL Sesamöl
2 Eier, verquirlt
8 Scheiben Frühstücksspeck,
  grob gehackt
1 Bd. Frühlingszwiebeln, grob gehackt
100 g kleine Garnelen, geschält
100 g TK-Erbsen
250 g gekochter Reis
Salz und frisch gemahlener
  schwarzer Pfeffer

- In einer großen, schweren Pfanne 1 EL Öl erhitzen, die verquirlten Eier hineingießen und bei mittlerer Hitze 1–2 Minuten backen. Das Omelett auf der Pfanne heben und in Streifen schneiden.

- Das restliche Öl in die Pfanne geben und den Speck mit den Frühlingszwiebeln darin bei großer Hitze 2–3 Minuten scharf anbraten. Garnelen und Erbsen dazugeben und 1 Minute unter Rühren braten, dann den Reis dazugeben und noch 2–3 Minuten weiterrühren, bis alles gut durchgewärmt ist.

- Einige Sekunden erhitzen. Mit Salz und frisch gemahlenem schwarzem Pfeffer würzen und sofort servieren.

---

2 Scharfe Reispfanne mit Rindfleisch

Einen Topf mit Salzwasser zum Kochen bringen und 200 g Langkornreis 15 Minuten darin garen, dann abgießen. Inzwischen 1 EL Sesamöl in einem Wok oder einer schweren Bratpfanne erhitzen und 300 g in dünne Scheiben geschnittenes Rumpsteak 3–4 Minuten bei großer Hitze darin scharf anbraten. 1 Bund gehackte Frühlingszwiebeln dazugeben, 2 Minuten weiterrühren, dann 100 g Erbsen (aufgetaut, falls tiefgekühlt) dazugeben, 2 Minuten weiterrühren. 75 g geröstete Cashewnüsse, 6 EL gemahlenen Koriander und 5 EL süße Chilisauce dazugeben und noch 1 Minute weiterrühren. Den Reis dazugeben, 2 Minuten rühren und servieren.

3 Vegetarische Reispfanne

Einen Topf mit Salzwasser zum Kochen bringen und 200 g Langkornreis 15 Minuten darin garen. Abgießen. Inzwischen ' 3 EL Olivenöl in einem Wok oder einer schweren Bratpfanne erhitzen und 2 fein gehackte Selleriestangen, ½ in dünne Scheiben geschnittene Zucchini und 3 geschälte, in dünne Scheiben geschnittene Karotten bei großer Hitze darin 10 Minuten darin dünsten und gelegentlich umrühren. Beiseitestellen. 1 EL Sesamöl in einer separaten Pfanne erhitzen, 2 verquirlte Eier darin bei mittlerer Hitze 1–2 Minuten braten. Das Omelett herausheben und in feine Streifen schneiden. Reis und Omelett in das Gemüse geben und unter Rühren erhitzen. Nach Geschmack mit heller Sojasauce servieren.

Bratwurst mit Äpfeln und Zwiebeln aus dem Ofen

Für 4 Personen

3 rote Zwiebeln, in Spalten

3 rote Äpfel, in Spalten

200 g kleine Karotten, gewaschen

3 Kartoffeln, geschält und gewürfelt

4 EL Olivenöl

12 Schweinsbratwürste
  von guter Qualität

2 EL gehackter frischer Salbei

1 EL gehackter frischer Rosmarin

3 EL flüssiger Honig

Salz und frisch gemahlener
  schwarzer Pfeffer

- Den Ofen auf 200 ºC vorheizen. Zwiebel, Apfel und Karotten auf einem tiefen Backblech verteilen, mit Öl beträufeln und gut mischen. Mit reichlich Salz und frisch gemahlenem schwarzem Pfeffer würzen. Die Würstchen über das Gemüse geben, mit den frischen Kräutern bestreuen und alles nochmals gut durchmischen.

- Alles für 20–22 Minuten in den Ofen schieben, bis die Bratwürste goldbraun sind und das Gemüse gar ist.

- Das Blech aus dem Ofen nehmen und den Honig über Wurst und Gemüse träufeln. Gut mischen und sofort servieren.

 **Schweinefilet mit Äpfeln und Zwiebeln**

250 g Schweinefilet in sehr dünne Scheiben schneiden. 2 EL Olivenöl in einem Wok oder einer großen Pfanne erhitzen und das Fleisch darin 2–3 Minuten scharf anbraten. 3 Äpfel und 2 rote Zwiebeln in Spalten zerteilen, zu dem Fleisch in die Pfanne geben und 3–4 Minuten unter Rühren goldbraun dünsten. 1 EL gehackten frischen Salbei oder Rosmarin darüberstreuen und gut mischen. Mit warmem Ciabatta und Dijonsenf servieren.

Bratwurst mit Äpfeln und Zwiebeln

Den Ofengrill vorheizen. 12 Schweinsbratwürste von guter Qualität 10–12 Minuten goldbraun grillen, dabei einmal wenden. Inzwischen 2 EL Olivenöl in einem Wok oder einer schweren Bratpfanne erhitzen und 2 Äpfel und 2 rote Zwiebeln in dünnen Spalten darin 3–4 Minuten bei großer Hitze goldbraun dünsten. 200 g kleine Karotten der Länge nach halbieren, dazugeben und 3 Minuten dünsten. 2 EL heiße Rinderbrühe dazugeben, Deckel auflegen und 3 Minuten kochen lassen. Die Würstchen aus dem Grill nehmen, in dicke Scheiben schneiden und mit 3 EL flüssigem Honig in die Pfanne geben. Gut durchmischen und mit knusprigem Brot servieren.

Hähnchenschenkel mit Crème fraîche, Zitrone und Gemüse

Für 4 Personen

8 Hähnchenschenkel
  ohne Knochen
4 EL frischer Thymian
1 EL Olivenöl
abgeriebene Schale und Saft
  von 1 Zitrone
1 EL Dijonsenf
400 g Crème fraîche
200 g frischer Spinat
schwarzer Pfeffer

- Die Hähnchenschenkel mit reichlich schwarzem Pfeffer würzen und in dem frischen Thymian wenden. Das Öl in einer großen, schweren Pfanne erhitzen und das Fleisch darin bei mittlerer Hitze 20 Minuten garen. In den ersten 10 Minuten häufig wenden und für den Rest der Garzeit den Deckel auflegen.

- Zitronensaft und -schale in die Pfanne geben und das Fleisch gut darin wenden. Den Senf mit der Hälfte der Crème fraîche verrühren, dann die gesamte Crème fraîche mit dem Spinat in die Pfanne geben. Gut mischen und noch 2–3 Minuten garen, bis der Spinat zusammengefallen ist.

- Mit Reis oder Kartoffelpüree als Beilage servieren.

 Kressehuhn mit Kapern, Knoblauch und Zitrone 85 g Brunnenkresse, ½ Knoblauchzehe und 1 EL Kapern grob hacken. Die abgeriebene Schale 1 Zitrone, Salz und frisch gemahlenen schwarzen Pfeffer dazugeben, alles gut mischen und auf einen Teller geben. 350 g Mini-Hühnerbrustfilets in der Mischung wenden. ½ EL Olivenöl in einer großen, schweren Pfanne erhitzen und das Fleisch bei mittlerer Hitze darin 3–4 Minuten auf beiden Seiten goldbraun braten. Mit Couscoussalat servieren.

 **Tagliatelle mit Huhn und Crème fraîche** Einen großen Topf mit Salzwasser zum Kochen bringen und 350 g Tagliatelle darin 8–10 Minuten kochen – sie sollen noch etwas Biss haben. Abgießen und warm halten. 1 EL Olivenöl in einer großen, schweren Pfanne erhitzen und 4 in dünne Scheiben geschnittene Hähnchenbrüste ohne Haut (à 150 g) darin bei mittlerer bis großer Hitze unter häufigem Rühren 4–5 Minuten goldbraun braten. 150 g TK-Erbsen dazugeben und 2 Minuten weiterdünsten. 100 ml Zitronensaft, 100 g Crème fraîche und 1 Handvoll frisches Basilikum dazugeben. Zuletzt die Pasta dazugeben, mit Salz und schwarzem Pfeffer würzen, vorsichtig mischen. Mit grünem Salat servieren.

Auflauf aus der Pfanne mit Eiern, Speck und Zwiebeln

Für 4 Personen

500 g Kartoffeln, geschält,
   in dicken Scheiben
2 EL Olivenöl
250 g durchwachsener Speck
   ohne Schwarte, grob gewürfelt
1 große Zwiebel, in Scheiben
250 g Ricotta
2 Eier
4 EL gehackte glatte Petersilie
600 ml Hühnerbrühe
Salz und frisch gemahlener
   schwarzer Pfeffer
Salat als Beilage (nach Wunsch)

- Den Ofengrill vorheizen.

- Einen Topf mit Salzwasser zum Kochen bringen und die Kartoffeln darin 10 Minuten garen.

- Inzwischen das Öl in einer großen, schweren Pfanne erhitzen und Speck und Zwiebeln darin unter Rühren bei mittlerer Hitze 5 Minuten unter Rühren dünsten.

- Die Kartoffeln abgießen, in die Pfanne geben und 2 Minuten unter Rühren mitdünsten. Es macht nichts, wenn sie etwas zerfallen.

- Den Ricotta löffelweise in die Pfanne geben. Eier, Brühe und Petersilie verquirlen, mit Salz und frisch gemahlenem schwarzem Pfeffer würzen, zu den Kartoffeln und dem Speck in die Pfanne geben. 10 Minuten bei niedriger Hitze garen, dann 2–3 Minuten im Ofen goldbraun grillen.

- Auf vorgewärmten Tellern anrichten und nach Wunsch mit einem knackigen Salat als Beilage servieren.

Omelett mit Chorizo, Spinat und Zwiebeln

Den Ofengrill vorheizen. 400 g frischen Spinat blanchieren, mit kaltem Wasser abspülen, leicht ausdrücken. 3 EL Olivenöl in einer großen Pfanne erhitzen, 1 fein gehackte Zwiebel und 100 g Chorizo in Scheiben darin 5 Minuten bei mittlerer Hitze anbraten. 6 große Eier verquirlen, salzen und pfeffern. Spinat und Chorizo dazugeben und alles gut mischen. Für etwa 4 Minuten unter den Grill stellen, bis die Oberfläche des Omeletts fest geworden ist.

Tortilla mit Speck und Zwiebeln

Den Ofengrill vorheizen. 500 g gekochte Kartoffeln aus dem Glas oder der Dose abtropfen lassen. 2 EL Olivenöl in einer großen, schweren Pfanne erhitzen. 250 g grob gewürfelten durchwachsenen Speck ohne Schwarte und 1 in Scheiben geschnittene Zwiebel darin unter häufigem Rühren bei mittlerer Hitze 5 Minuten anbraten. Die Kartoffeln in die Pfanne geben und 2 Minuten unter Rühren mitdünsten. Es macht nichts, wenn sie dabei etwas zerfallen. 6 Eier und

4 EL gehackte glatte Petersilie verquirlen, mit Salz und frisch gemahlenem schwarzem Pfeffer würzen und zu den Kartoffeln und dem Speck in die Pfanne geben. 10 Minuten bei niedriger Hitze garen. 25 g Manchego darüberreiben und nochmals 2–3 Minuten im Ofen goldbraun grillen.

Kasseler Braten mit Paprikakartoffeln und Aprikosensauce

Für 4 Personen

500 g Kartoffeln, geschält,
in Würfeln

4 Scheiben magerer Kasseler
Braten (à 100 g)

3 EL Pflanzenöl

1 Zwiebel, grob gehackt

400 g Aprikosen in Fruchtsaft
aus der Dose

1 TL Zimtpulver

2 TL Paprikapulver

3 EL gehackte glatte Petersilie

Salz und frisch gemahlener
schwarzer Pfeffer

- Einen Topf mit Salzwasser zum Kochen bringen und die Kartoffeln darin 10 Minuten kochen, dann abgießen.

- Den Ofengrill vorheizen. Den Kasseler Braten 5–6 Minuten pro Seite goldbraun grillen.

- Inzwischen 1 EL Öl in einer großen, schweren Pfanne erhitzen und die Zwiebel darin bei mittlerer Hitze 3–4 Minuten unter gelegentlichem Rühren glasig dünsten. Aprikosen abgießen, den Saft mit Zimtpulver zu der Zwiebel geben und die Flüssigkeit auf die Hälfte reduzieren lassen. Den heißen Saft zu den Aprikosen geben und im Mixer zu einer dicken, nicht zu glatten Sauce pürieren. Die Sauce in die Pfanne zurückgeben und nochmals aufwärmen, während die Kartoffeln fertig kochen.

- Das restliche Öl in einer großen, schweren Pfanne erhitzen und die Kartoffeln darin bei großer Hitze unter häufigem Rühren 5 Minuten goldbraun rösten. Die Paprika darüberstreuen, mit Salz und frisch gemahlenem schwarzem Pfeffer würzen und der gehackten Petersilie würzen.

- Kartoffeln und Braten auf vorgewärmten Tellern anrichten und mit der Sauce servieren.

Schneller Kasseler Braten Den Ofengrill vorheizen. 2 EL Aprikosenkonfitüre in einem kleinen Topf erhitzen, mit ½ TL gemahlenen Kreuzkümmel und schwarzem Pfeffer würzen. Den Kasseler Braten 5–6 Minuten pro Seite gar grillen, dabei von Zeit zu Zeit mit der Konfitürenmischung einpinseln. Mit Couscoussalat aus dem Kühlregal servieren.

Glasierter Kasseler Braten mit Bulgur-Minze-Salat Den Ofengrill vorheizen. Einen Topf mit Salzwasser zum Kochen bringen und 150 g Bulgur darin 8 Minuten garen. 150 g TK-Erbsen und 2 fein gehackte Lauchstangen dazugeben, 3 Minuten weitergaren. Für die Glasur den Saft von 1 Orange, 3 EL flüssigen Honig und je 2 TL Worcestershiresauce und Dijonsenf in einem kleinen Topf 4 Minuten erhitzen. 4 Scheiben (à 100 g) mageren Kasseler Braten 5–6 Minuten pro Seite gar grillen, dabei von Zeit zu Zeit mit der Glasur einpinseln. Inzwischen das Bulgurgemüse abgießen, mit Salz und frisch gemahlenem schwarzem Pfeffer würzen und mit 2 EL gehackter Minze bestreuen. Mit dem Braten auf Tellern anrichten.

30 Coq au Vin

Für 4 Personen

2 EL Weizenmehl

4 Hähnchenbrüste ohne Haut (150 g)

2 EL Olivenöl

100 g geräucherter Pancetta
(Bauchspeck), grob gehackt

2 große rote Zwiebeln, in Schnitzen

1 Knoblauchzehe, in Scheiben

1 EL gehackter frischer Rosmarin

300 g braune Champignons

300 ml Hühnerbrühe

300 ml Rotwein

Salz und frisch gemahlener
schwarzer Pfeffer

frisches Bauernbrot und grüne
Bohnen als Beilage (nach Wunsch)

- Das Mehl auf einer Arbeitsfläche verteilen und ein wenig Salz und frisch gemahlenen schwarzen Pfeffer darübergeben. Die Hähnchenbrüste darin wenden.

- 1 EL Öl in einer großen, schweren Pfanne erhitzen, den Pancetta und Zwiebeln darin bei mittlerer Hitze 4–5 Minuten unter ständigem Rühren anbraten. Knoblauch, Rosmarin und die Pilze im Ganzen dazugeben und noch 2 Minuten weiterdünsten, dabei gelegentlich umrühren. Die Zutaten mit einer Schaumkelle herausheben.

- Das restliche Öl in die Pfanne geben und das Hähnchen darin bei mittlerer Hitze 10 Minuten goldbraun braten, gelegentlich wenden. Brühe und Wein dazugießen und aufkochen lassen. Die Pilz-Pancetta-Mischung in die Pfanne zurückgeben, die Temperatur herunterschalten und alles zugedeckt 7 Minuten gar ziehen lassen. Deckel abnehmen und 3 Minuten weitergaren. Nach Geschmack mit Bauernbrot und grünen Bohnen als Beilage servieren.

---

1 Coq au Pasta

Salzwasser in einem Topf zum Kochen bringen und 200 g Farfalle darin 8–10 Minuten bissfest kochen, abgießen. Inzwischen 1 EL Öl in einer großen Pfanne erhitzen und 4 in dünne Scheiben geschnittene Hähnchenbrüste ohne Haut (à 150 g), 100 g grob gehackten geräucherten Pancetta und 1 in dünne Ringe geschnittene rote Zwiebel bei großer Hitze 6–7 Minuten goldbraun dünsten. 200 g Crème fraîche und 1 EL Senf dazugeben, gut mischen. Die Pasta dazugeben, nochmals vermengen, sofort servieren.

2 Schneller Coq au Vin

4 Hähnchenbrüste ohne Haut (à 150 g) in dünne Scheiben schneiden und in 2 EL, mit Salz und frisch gemahlenem schwarzem Pfeffer gewürzten, Mehl wenden. 2 EL Olivenöl in einer großen, schweren Pfanne erhitzen und das Huhn mit 100 g grob gehacktem geräuchertem Pancetta, 2 großen gehackten roten Zwiebeln, 1 Knoblauchzehe in Scheiben und 300 g kleinen, geputzten braunen Champignons bei mittlerer Hitze 10 Minuten unter Rühren dünsten, bis das Fleisch schön goldbraun und das Gemüse gar ist. Je 300 ml Hühnerbrühe und Rotwein dazugeben, aufkochen lassen und noch 5 Minuten ziehen lassen. Mit frischem Bauernbrot servieren.

30 Lammkartoffelcurry

Für 4 Personen

2 EL Pflanzenöl

1 große Zwiebel, grob gehackt

600 g mageres Lammfleisch,
    in Würfeln

1 kleine grüne Chilischote,
    grob gehackt (nach Wunsch)

4 EL Korma-Currysauce (aus dem
    indischen Lebensmittelladen)

400 g gehackte Tomaten -
    aus der Dose

300 ml Lamm- oder Hühnerbrühe

2 Kartoffeln, ungeschält,
    in groben Würfeln

50 g gehackter frischer Koriander

150 g Naturjoghurt

- Das Öl in einer großen, schweren Pfanne erhitzen die Zwiebel und das Lammfleisch darin bei großer Hitze unter häufigem Rühren 5 Minuten anbraten.

- Die Chilischote, wenn gewünscht, dazugeben und 1 Minute mitdünsten. Die Currypaste dazugeben und 2 Minuten weiterrühren. Tomaten, Brühe und Kartoffeln dazugeben und aufkochen lassen. Die Temperatur herunterschalten und zugedeckt 10 Minuten ziehen lassen, dann den Deckel abnehmen und noch 10 gar ziehen lassen.

- Die Pfanne vom Herd nehmen, Koriander und Joghurt darunterrühren und servieren.

1 Einfaches Huhnkartoffelcurry

mit Naan 1 EL Pflanzenöl in einer großen, schweren Pfanne erhitzen und 3 Hähnchenbrüste ohne Haut (à 150 g), in dünne Scheiben geschnitten, darin 3 Minuten bei großer Hitze anbraten. 400 g Korma-Currysauce und 1 gehackte Tomate dazugeben und aufkochen lassen. 200 g frischen Spinat dazugeben, die Temperatur herunterschalten und zugedeckt 5 Minuten gar ziehen lassen. Mit warmem Naan servieren.

2 Huhnkartoffelcurry

2 EL Pflanzenöl in einer großen, schweren Pfanne erhitzen und 3 Hähnchenbrüste ohne Haut (à 175 g) und 8 neue Kartoffeln in dünnen Scheiben bei großer Hitze 5 Minuten unter häufigem Rühren dünsten.4 EL Korma-Currysauce dazugeben und 1 Minute weiterrühren. 400 g gehackte Tomaten aus der Dose und 400 ml Kokosmilch dazugeben und aufkochen lassen. Temperatur auf mittlere Hitze reduzieren und

10 Minuten unter häufigem Rühren gar ziehen lassen. Mit gehacktem Koriander bestreut servieren.

Cheeseburger mit Pilzen und Gurkensalsa

Für 4 Personen

500 g Rinderhack

1 TL geräuchertes Paprikapulver
(ersatzweise edelsüßes)

4 Frühlingszwiebeln,
in dünnen Ringen

1 Eigelb

1 TL englisches Senfpulver, angerührt

1 EL Olivenöl

4 braune Champignons, in Scheiben

4 gute Vollkornbrötchen

4 Scheiben Emmentaler oder Gruyère

Für die Salsa

¼ Salatgurke, grob gehackt

2 EL gehackter frischer Koriander

schwarzer Pfeffer

- Das Hackfleisch mit Paprika, Frühlingszwiebeln, Eigelb und Senf in eine Schüssel geben und mit einer Gabel gut verkneten. Zu vier Frikadellen formen.

- Den Ofengrill vorheizen. Die Frikadellen 10 Minuten goldbraun grillen, dabei einmal wenden.

- Inzwischen das Öl in einer großen, schweren Pfanne erhitzen und die Pilze darin bei großer Hitze unter häufigem Rühren 5 Minuten goldbraun dünsten. Für die Salsa die gehackte Gurke mit dem Koriander mischen und mit schwarzem Pfeffer würzen.

- Die Brötchen aufschneiden und mit je einer Frikadelle und einer Scheibe Käse belegen und mit den Pilzen und der Gurkensalsa auf Tellern angerichtet servieren.

Schnelle Mini-Burger
Den Ofengrill vorheizen. 300 g mageres Rinderhack, 50 g Vollkornsemmelmehl, 50 g geraspelte Karotten, 1 kleine geraspelte Zwiebel, 1 zerdrückte Knoblauchzehe, 1 Handvoll gehackte glatte Petersilie und 2 TL Worcestershiresauce gut verkneten. Den Fleischteig zu 8 kleinen Frikadellen formen und diese je 3 Minuten auf jeder Seite goldbraun grillen. Mit je 1 EL Tomatensalsa aus dem Kühlregal auf Mini-Vollkornbrötchen servieren.

Rindfleischburger mit Pilzen und Estragonbutter Den Ofen auf 200 ºC vorheizen. 125 g weiche Butter (Zimmertemperatur) mit 2 EL Dijonsenf, 1 EL grob gehacktem Estragon, dem Saft von ½ Zitrone und Salz und frisch gemahlenem schwarzem Pfeffer verrühren. 4 große Pilze mit dem Stiel nach oben in eine ofenfeste Form geben, die Estragonbutter in die Hohlräume löffeln und mit Olivenöl beträufeln. Die Pilze mit Alufolie abdecken und

20–25 Minuten im Ofen garen, dabei gelegentlich die Butter über die Pilze löffeln. 500 g Rinderhack, 2 gehackte Frühlingszwiebeln, 1 Eigelb, Salz und frisch gemahlenen schwarzen Pfeffer gut verkneten und zu vier Frikadellen formen. 10 Minuten im Ofen grillen, dabei einmal wenden. In Vollkornbrötchen, mit je einer Scheibe Emmentaler oder Gruyère belegt, zusammen mit den Estragonpilzen servieren. Nach Wunsch grünen Salat als Beilage dazureichen.

Scharfes Cajun-Huhn
mit Quinoa und Aprikosen

Für 4 Personen

600 ml Hühnerbrühe

100 g Quinoa

100 g getrocknete Aprikosen,
    grob gehackt

3 Hähnchenbrüste ohne Haut
    (à 175 g), in dünnen Scheiben

2 TL Cajun-Gewürz

2 EL Olivenöl

2 rote Zwiebeln, in schmalen Spalten

2 Bd. Frühlingszwiebeln,
    grob gehackt

6 EL gehackter frischer Koriander

Als Beilage

griechischer Joghurt

frisches Bauernbrot (nach Wunsch)

- Die Brühe in einen Topf gießen und aufkochen lassen, dann das Quinoa dazugeben und 10 Minuten schwach kochen lassen. Die Aprikosen dazugeben und noch 5 Minuten ziehen lassen.

- Inzwischen das Hähnchenfleisch in der Schüssel gut in dem Cajun-Gewürz wenden. Das Öl in einer großen, schweren Pfanne erhitzen und Fleisch und Zwiebel darin bei mittlerer Hitze unter häufigem Rühren 10 goldbraun dünsten. Die Frühlingszwiebeln dazugeben und noch 1 Minute weiterrühren.

- Quinoa und Aprikosen abgießen und mit dem Hähnchenfleisch mischen. Mit gehacktem Koriander bestreut servieren. Nach Wunsch griechischen Joghurt und frisches Bauernbrot dazureichen.

Huhn mit Linsen und frischen Aprikosen

1 EL Olivenöl in einer großen Pfanne erhitzen und 1 fein gehackte rote Zwiebel darin bei mittlerer Hitze unter häufigem Rühren glasig dünsten. 4 EL Rotweinessig angießen und 30 Sekunden weiterrühren. 250 g gekochte Puy-Linsen, 4 frische, entsteinte und grob gehackte Aprikosen und je 4 EL gehackten Koriander und Minze sowie 4 gegarte und zerpflückte Hähnchenbrüste (à 150 g) dazugeben, 1 Minute rühren. Kurz vor dem Servieren mit 50 g Rucola mischen.

Glasiertes Huhn mit Quinoa und frischen

Aprikosen Den Ofengrill vorheizen. 600 ml Hühnerbrühe in einem Topf aufkochen lassen, 100 g Quinoa dazugeben und 15 Minuten gar ziehen lassen. Inzwischen 3 EL Orangenmarmelade mit 4 TL körnigem Senf verrühren. 4 Hähnchenbrüste ohne Haut (à 150 g) in Scheiben schneiden, in eine ofenfeste Form geben und mit der Orangenmarmelade einpinseln. Im Ofen 4–5 Minuten grillen, einmal wenden, mit der restlichen Marmelade einpinseln und nochmals 4–5 Minuten grillen. Inzwischen 4 frische Aprikosen entsteinen und grob hacken, mit 4 gehackten Frühlingszwiebeln, 3 EL Weißweinessig und 1 TL gemahlenem Kreuzkümmel mischen. Quinoa abgießen und mit der Aprikosenmischung verrühren. Mit dem Hähnchenfleisch auf Tellern anrichten, mit gehackten Frühlingszwiebeln bestreuen und servieren.

Entenpfanne mit Zuckerschoten und Orangenreis

Für 4 Personen

200 g Langkornreis
2 EL Sesamöl
1 rote Zwiebel, in dünnen Schnitzen
4 Entenbrüste mit Haut (à 150 g),
   in dicken Scheiben
1 Bd. Frühlingszwiebeln,
   in 2,5 cm großen Stücken
200 g Zuckerschoten
abgeriebene Schale und Saft
   von 1 Zitrone
2 EL dunkle Sojasauce
1 EL brauner Zucker
frisch gemahlenes Salz

- Einen Topf mit Salzwasser zum Kochen bringen und den Reis darin 15 Minuten gar ziehen lassen. Abgießen und warm halten.

- Inzwischen das Öl in einer großen, schweren Pfanne erhitzen und die Zwiebel darin bei mittlerer Hitze 5 Minuten unter gelegentlichem Rühren glasig dünsten. Das Entenfleisch dazugeben und 5 Minuten weiterrühren, bis das Fleisch fast gar ist. Frühlingszwiebeln und Zuckerschoten dazugeben und bei höchster Hitze nochmals 2 Minuten weiterrühren.

- Den Reis in die Pfanne geben und alles gut durchmischen. Orangensaft und -schale, Sojasacue und Zucker in einer kleinen Schale gut verrühren, dann über die Entenpfanne gießen und alles nochmals gut durchmischen. Sofort auf vorgewärmten Tellern servieren.

Chinesisches Entenfleisch mit Nudeln 2 EL Sesamöl in einem Wok oder einer großen, schweren Pfanne erhitzen und vier in dicke Scheiben geschnittene Entenbrüste (à 150 g) bei mittlerer Hitze darin 5 Minuten unter häufigem Rühren anbraten. Ein Bund in 2,5 cm lange Stücke geschnittene Frühlingszwiebeln und 200 g Zuckerschoten dazugeben und bei höchster Hitze nochmals 2 Minuten rühren. Zuletzt 300 g gekochte Reisnudeln und 6 EL Hoisin-Sauce dazugeben, noch 2 Minuten rühren, sofort servieren.

Entenbrust mit Orangen Den Ofen auf 220 ºC vorheizen. 1 EL Sesamöl in einem Wok oder einer großen, schweren Pfanne erhitzen und 4 geschnittene Entenbrüste (à 150 g) mit der Hautseite nach unten bei höchster Hitze darin 5 Minuten scharf anbraten, wenden und noch 2 Minuten weiterbraten. In eine flache, ofenfeste Form geben. Je 3 EL Orangenmarmelade und Orangensaft in den Wok geben und ein paar Minuten unter Rühren schwach erhitzen, dann über die Entenbrust geben und in den Ofen stellen. Inzwischen einen Topf mit Salzwasser zum Kochen bringen und 200 g Langkornreis 15 Minuten darin gar kochen, dann abgießen. Den Wok auswischen, 2 EL Sesamöl darin erhitzen und ein Bund gehackte Frühlingszwiebeln und 200 g Zuckerschoten darin bei großer Hitze scharf anbraten. Den Reis dazugeben, alles gut mischen und zu der Entenbrust servieren.

 # Lammfilet mit Pilz-Spinat-Sauce

Für 4 Personen

2 EL Olivenöl

2 Lammlachs (à 250 g)

Für die Sauce

15 g Butter

250 g braune Champignons,
   geputzt und halbiert

100 g Champignons, geputzt

1 kleine Zwiebel, fein gehackt

½ TL Paprikapulver

3 EL Branntwein

300 g Sahne

250 g junger Spinat

- 1 EL Öl in einer großen, schweren Pfanne erhitzen und das Fleisch darin bei großer Hitze 1–2 Minuten scharf anbraten, dabei häufig wenden. Temperatur herunterschalten und schwach kochen lassen, dabei zwischendurch einmal umrühren. Inzwischen die Sauce zubereiten.

- Die Butter mit dem restlichen Öl in einer separaten, schweren Pfanne erhitzen und die Pilze und Zwiebeln darin bei großer Hitze unter häufigem Rühren 5 Minuten scharf anbraten. Paprika dazugeben und 1 Minute weiterrühren. Den Branntwein dazugeben und unter Rühren einige Sekunden lang verdampfen lassen. Die Pfanne vom Herd nehmen und Sahne und Spinat dazugeben.

- Die Pfanne zurück auf den Herd stellen und den Spinat unter häufigem Rühren 3–4 Minuten bei niedriger Hitze zusammenfallen lassen.

- Das Lammfleisch in dicke Scheiben schneiden und auf vorgewärmten Tellern anrichten. Mit Pilzen und Spinatsauce servieren.

 Schnelle Lammsteaks mit Pilzsahnesauce

Ofengrill vorheizen und 4 Lamm-Lendensteaks (à 150 g) darin 4–5 Minuten von jeder Seite grillen. Inzwischen 3 EL Branntwein mit 300 g Champignons aus der Dose, abgegossen, in einen Topf geben und 3 Minuten bis zum Kochen erhitzen, dann die Temperatur ganz herunterschalten, 300 g Sahne dazugeben und unter Rühren erhitzen, jedoch nicht kochen lassen. Die Sauce über die Lammsteaks geben und servieren.

 **Lammklößchen mit Pilzspinat-sauce** 500 g feines Lammhack, 2 TL Knoblauchpaste und ½ TL Paprikapulver gut verkneten und zu zwölf Klößen formen. Eine große Brat- oder Grillpfanne erhitzen und die Lammklöße darin bei mittlerer Hitze braten, dabei häufig wenden. Inzwischen die Pilz-Spinat-Sauce wie oben zubereiten. Die Klöße mit der Sauce servieren.

30 Huhn-Garnelen-Paella

Für 4 Personen

2 EL Olivenöl

2 Hähnchenbrüste ohne Haut
(à 150 g), in dünnen Scheiben

1 große Gemüsezwiebel, in Scheiben

100 g Chorizo, gehackt

je 1 rote und grüne Paprika, gehackt

2 TL geräuchertes Paprikapulver
(ersatzweise edelsüßes)

einige Safranfäden

250 g Risottoreis

900 ml heiße Hühnerbrühe

4 Tomaten, grob gehackt

125 g grüne Bohnen, geputzt

100 g TK-Erbsen

200 g große Garnelen, geschält

Salz und frisch gemahlener
schwarzer Pfeffer

- Das Öl in einer großen, schweren Pfanne erhitzen und Fleisch und Zwiebeln darin bei großer Hitze unter häufigem Rühren 5 Minuten goldbraun braten. Chorizo und Paprika dazugeben und unter häufigem Rühren noch 3 Minuten weitergaren.

- Paprikapulver und Safranfäden zu dem Fleisch in die Pfanne geben, gut rühren, dann den Reis dazugeben und sehr gut mischen, damit sich die Gewürze gleichmäßig verteilen. Mit Salz und frisch gemahlenem schwarzem Pfeffer würzen, Brühe und Tomaten dazugeben und aufkochen lassen. Die Temperatur herunterschalten und zugedeckt etwa 10 Minuten ziehen lassen, bis der Reis gar ist. Nach Bedarf etwas Wasser dazugeben.

- Bohnen, Erbsen und Garnelen zu der Paella geben und noch 5 Minuten weitergaren, dann sofort servieren.

---

1 **Huhn-Garnelen-Pilaw**
2 EL Olivenöl in einer großen, schweren Pfanne erhitzen und 2 in sehr dünne Scheiben geschnittene Hähnchenbrüste ohne Haut (à 150 g), 100 g grob gehackte Chorizo und 1 gehackte rote Paprika darin bei mittlerer Hitze unter häufigem Rühren 5–6 Minuten dünsten, bis das Huhn gar ist. 500 g gekochten Langkornreis, 4 gehackte Tomaten und 100 g TK-Erbsen dazugeben und bei höchster Hitze 3 Minuten erhitzen, bis die Tomaten leicht zerfallen sind. Mit gehackter glatter Petersilie bestreut servieren.

 **2** **Huhn-Garnelen-Risotto** 1 ELÖl in einer schweren Pfanne erhitzen und 250 g Risotto- oder Paellareis mit einigen Safranfäden und ½ TL Salz bei mittlerer Hitze 1 Minute unter Rühren kurz anbraten, 120 ml heiße, kräftige Hühnerbrühe angießen und aufkochen lassen. Die Temperatur reduzieren und den Reis zugedeckt 15 Minuten gar ziehen lassen. In der Zwischenzeit in einer separaten Bratpfanne ½ grob gehackte rote Paprika, 1 gehackte Zwiebel, 100 g grob gehackte Chorizo und 2 in Scheiben geschnittene Hähn-

chenbrüste ohne Haut (à 150 g) 10 Minuten bei mittlerer Hitze unter häufigem Rühren dünsten. 1 TL geräuchertes Paprikaulver (oder edelsüßes) darunterrühren, dann den gekochten Reis und 200 g TK-Erbsen, aufgetaut, und 100 g gekochte, geschälte Garnelen dazugeben. 5 Minuten dünsten, mit schwarzem Pfeffer und nach Wunsch mit frisch geriebenem Parmesan würzen.

Glasierte Schweinekoteletts mit Spinatkartoffelpüree

Für 4 Personen

1 EL flüssiger Honig
1 EL körniger Senf
4 kleine Schweinekoteletts
(à 175 g)
100 g Instant-Kartoffelpüreeflocken
3 EL Crème fraîche
50 g Butter
200 g Spinat
frisch gemahlener
schwarzer Pfeffer

- Den Ofengrill vorheizen. Honig und Senf verrühren, die Koteletts damit bestreichen und 3–4 Minuten auf jeder Seite goldbraun grillen.

- Inzwischen das Kartoffelpüree nach Packungsangabe zubereiten, mit schwarzem Pfeffer würzen und die Crème fraîche darunterrühren. Die Butter in einem großen Topf zerlassen und den Spinat darin bei mittlerer Hitze unter häufigem Rühren etwa 2 Minuten dünsten, bis er zusammengefallen ist.

- Spinat und Kartoffelpüree mischen und zu dem Fleisch servieren.

 Schweinefleisch in Senf-Sahne-Sauce

mit Kartoffelpüree 2 EL Olivenöl in einer großen, schweren Pfanne erhitzen und 4 in dünne Scheiben geschnittene Schweinesteaks mit 2 roten Zwiebeln in dünnen Spalten bei mittlerer Hitze unter häufigem Rühren 7–8 Minuten goldbraun braten. 150 ml englischen Cider (ersatzweise Cidre) angießen, aufkochen und noch 2 Minuten sprudelnd kochen lassen, bis die Flüssigkeit auf die Hälfte reduziert ist. 200 g Crème fraîche und 1 EL körnigen Senf dazugeben, mit Salz und frisch gemahlenem schwarzem Pfeffer würzen. Noch 2–3 Minuten dünsten, mit 3 EL gehackter glatter Petersilie bestreuen und mit Kartoffelpüree, frisch oder aus der Packung, servieren.

Kartoffelpüreegratin mit Schweinefleisch

und Äpfeln Den Ofengrill vorheizen. 1 EL Pflanzenöl in einer großen, schweren Pfanne erhitzen und 500 g Schweinehack und 1 gehackte Zwiebel bei mittlerer Hitze 10 Mnuten unter häufigem Rühren darin garen. 300 g Apfelmus aus dem Glas und 3 EL frischen gehackten Salbei dazugeben und noch 5 Minuten weiterrühren. Gut würzen, dann in eine flache Gratinform geben. 25 g Butter in einem großen Topf zerlassen und 200 g Spinat darin bei mittlerer Hitze unter häufigem Rühren etwa 2 Minuten dünsten, bis er zusammengefallen ist. 500 g zubereitetes Kartoffelpüree, frisch oder aus der Packung, mit dem Spinat verrühren, auf das Fleisch in die Gratinform geben und 5 Minuten goldbraun grillen.

Asiatische Rindfleischspieße mit Sataysauce

Für 4 Personen

350 g Rump- oder Lendensteak
6 EL dunkle Sojasauce
2 EL Sesamöl
2 EL Reisessig oder Mirin
   (japanischer Reiswein)
1 EL brauner Zucker
2,5 cm Ingwer, geschält, fein gerieben
1 Knoblauchzehe, zerdrückt
rohes Gemüse, zum Beispiel
   Karotten, Zuckerschoten, Gurke

Für die Sauce
6 EL grobe Erdnussbutter
3 EL dunkle Sojasauce
1 kleine rote Chilischote, fein gehackt
150 ml kochendes Wasser

- Den Ofengrill vorheizen. Das Steak in lange, dünne Streifen schneiden. Sojasauce, Öl, Essig oder Mirin, Zucker, Ingwer und Knoblauch in einer nichtmetallischen Schüssel gründlich verrühren. Das Fleisch gut darin wenden und zugedeckt 15 Minuten marinieren.

- Inzwischen die Saucenzutaten in einem kleinen Topf erhitzen, dabei mit einem Holzlöffel umrühren, bis die Sauce abgebunden hat. In eine kleine Servierschüssel geben und als Dip zu dem rohen Gemüse servieren.

- Das Fleisch gleichmäßig auf 8 Metallspieße verteilen (alternativ auf Bambusspieße, die zuvor 30 Minuten in Wasser eingelegt wurden) und von beiden Seiten goldbraun grillen.

- Sofort mit rohem Gemüse und Sataysauce servieren.

 Asiatisches Teriyaki-Rindfleisch auf Salat

350 g Lendensteak in dünne Streifen schneiden und in 2 EL Teriyaki-Sauce marinieren. ½ gewürfelte Salatgurke, 2 EL gehackten Koriander, 1 TL Chiliflocken und den Saft von 1 Limette in einer separaten Schüssel verrühren. 1 TL Pflanzenöl in einer schweren Pfanne erhitzen und das Fleisch darin bei großer Hitze je 1 Minute von jeder Seite scharf anbraten. Den Gurkensalat auf 8 kleine Salatblätter verteilen, das Fleisch darübergeben und mit gehackten Frühlingszwiebeln bestreut servieren.

 Asiatische Putenfleischspieße mit Sataysauce Den Ofengrill vorheizen. 500 g gewürfeltes Putensteak, 1 rote, grob gehackte Paprika und 250 g gewürfelte frische Ananas (den Saft aufbewahren) gleichmäßig auf acht Metallspieße verteilen. 200 ml Kokosmilch, 145 ml Sataysauce (aus dem Asia-Laden) und den Ananassaft verrühren und 2 EL davon über die Spieße träufeln. Die Spieße je 2 Minuten von jeder Seite grillen. Inzwischen die restliche Satay-sauce erhitzen und 20 g gehackten Koriander darunterrühren. Die fertigen Spieße auf Eiernudeln setzen, mit der Sataysauce beträufeln, mit frischem gehacktem Basilikum bestreuen und servieren.

Lamm-Gemüse-Topf mit Kichererbsen

Für 4 Personen

1 EL Olivenöl

8 Lammkoteletts

1 Aubergine, geputzt, in Würfeln

1 große rote Zwiebel, grob gehackt

2 Zucchini, geputzt, grob gehackt

1 rote Paprika, halbiert
und grob gehackt

1 gelbe Paprika, halbiert
und grob gehackt

400 g Tomaten, geviertelt

1 TL gemahlener Kreuzkümmel

1 TL gemahlener Koriander

400 g Kichererbsen aus der Dose,
abgegossen

3 EL Kürbiskerne

- Den Ofen auf 220 °C vorheizen. Das Öl in einer großen, schweren Pfanne erhitzen und die Lammkoteletts darin bei großer Hitze auf jeder Seite 1 Minute goldbraun braten. Mit einer Schaumkelle in eine ofenfeste Form heben und im Ofen garen, inzwischen das Gemüse zubereiten.

- Aubergine, Zwiebel, Zucchini und Paprika in dem Bratensaft bei großer Hitze unter häufigem Rühren 5 Minuten kurz anbraten. Die Tomaten dazugeben und noch 2 Minuten weiterrühren.

- Das Gemüse zu dem Fleisch in den Ofen geben, die Gewürze und Kichererbsen dazugeben und alles gut mischen. Für 10 Minuten auf die oberste Ofenschiene setzen, bis das Fleisch gar ist.

- Mit den Kürbiskernen bestreut servieren.

Marokkanische Lamm-Gemüse-Pfanne 1 EL Olivenöl in einer großen, schweren Pfanne erhitzen und 400 g in dünne Scheiben geschnittenen Lammlachs, 1 rote und 1 gelbe gepuzte und gewürfelte Paprika und 2 geputzte und grob gehackte Zucchini bei großer Hitze unter häufigem Rühren 8 Minuten goldbraun braten. ½ TL Knoblauchpaste, je 1 TL gemahlener Kreuzkümmel und Koriander und 400 g gehackte Tomaten aus der Dose dazugeben und unter Rühren noch 2 Minuten weiterdünsten.

Lamm-Gemüse-Pfanne mit Pesto
Den Ofen auf 220 °C vorheizen. Das Rezept wie zuvor zubereiten, jedoch statt der Gewürze selbst gemachtes Pesto verwenden: Dafür 1 Handvoll frisches Basilikum, 3 EL Olivenöl, den Saft von 1 Zitrone, 25 g frisch geriebenen Parmesan und 75 g Pinienkerne im Mixer fein pürieren. Das Fleisch, das gedünstete Gemüse und die Kichererbsen in Pesto wenden und wie zuvor im Ofen garen.

Putenfleischklöße in würziger Tomatenkräutersauce

Für 4 Personen

500 g Putenhackfleisch
50 g frisches Semmelmehl
4 Frühlingszwiebeln,
  in dünnen Scheiben
1 EL Paprikapulver
6 EL gehackte glatte Petersilie
2 EL Olivenöl
1 Zwiebel, fein gehackt
400 g gehackte Tomaten
  aus der Dose
3 EL Tomatenmark
2 EL gehackter Schnittlauch
schwarzer Pfeffer
Reis, Nudeln oder Kartoffelpüree
  als Beilage

- Das Putenhackfleisch in einer Schüssel mit dem Semmelmehl, den Frühlingszwiebeln, der Paprika und 3 EL der gehackten Petersilie mit einer Gabel gut verkneten. 20–24 Klöße formen.

- 1 EL des Öls in einer großen, schweren Pfanne erhitzen und die Hackklöße darin bei mittlerer Hitze 20 Minuten goldbraun braten, dabei häufig wenden.

- Inzwischen den restlichen EL Öl in einer separaten Pfanne erhitzen und die Zwiebel darin bei mittlerer Hitze 2–3 Minuten unter häufigem Rühren glasig dünsten. Tomaten und Tomatenmark dazugeben und mit frisch gemahlenem schwarzem Pfeffer würzen. Unter Rühren aufkochen lassen, dann die Temperatur herunterschalten und noch 10 Minuten schwach kochen lassen, bis die Sauce abgebunden hat.

- Die restliche Petersilie und den Schnittlauch in die Sauce rühren, dann die Hackklöße hineingeben. Mit Reis, Nudeln oder Kartoffelpüree als Beilage servieren.

 Kichererbsen-Kräuterklößchen

75 g frisch geriebenen Parmesan, 50 g frisches Semmelmehl, 1 Ei, 400 g Kichererbsen aus der Dose, abgegossen, 2 Knoblauchzehen, 1 TL getrockneten Oregano und einige frische Basilikumblätter im Mixer pürieren und zu 16 Klößen formen. 2 EL Olivenöl in einer großen, schweren Pfanne erhitzen und die Klöße darin bei großer Hitze 5–6 Minuten goldbraun braten. Inzwischen 350 ml Pastasauce aus dem Glas oder Tetrapack erhitzen. Die Klöße mit der Pasta in der Sauce servieren.

 **Marokkanische Hackklößchen**

2 EL Öl in einer großen, schweren Pfanne erhitzen und 350 g Hackklößchen aus dem Kühlregal oder TK darin bei großer Hitze 10 Minuten goldbraun braten. Aus der Pfanne heben, 1 große, in Scheiben geschnittene Zwiebel in dem Fleischsaft 5 Minuten glasig dünsten. 100 g getrocknete, gehackte Aprikosen, 1 TL Zimtpulver, ½ TL gemahlenen Kreuzkümmel und 400 g gehackte Tomaten mit Knoblauch aus der Dose sowie die Hackklößchen dazugeben und aufkochen lassen. Die Temperatur reduzieren und 5 Minuten ziehen lassen. Auf Couscous anrichten, mit gehacktem Koriander und einer Handvoll gerösteter Mandelblättchen bestreut servieren.

Schweineschnitzel mit Prosciutto

Für 4 Personen

4 Schweinefilets (à 240 g)

1 Ei, verquirlt

100 g frisches Semmelmehl

2 EL gehackte glatte Petersilie

4 EL Olivenöl

4 dünne Scheiben Prosciutto
(italienischer Schinken)

4 dünne Scheiben Gruyère

frisch gemahlener
schwarzer Pfeffer

grüner Salat und frisches Bauernbrot
als Beilage (optional)

- Den Ofen auf 220 °C vorheizen. Die Schweinefilets zwischen zwei Lagen Klarsichtfolie legen und mit dem Nudelholz beklopfen, bis sie nur noch halb so dick und fast doppelt so breit sind. Das Ei verquirlen und in einen tiefen Teller legen, das Semmelmehl mit der Petersilie mischen, mit schwarzem Pfeffer würzen und auf einen separaten Teller geben.

- Die Schnitzel zuerst in das Ei, dann in das Semmelmehl tauchen.

- Das Öl in einer großen, schweren Pfanne erhitzen und die Schnitzel (portionsweise, wenn nötig) bei höchster Hitze 1–2 Minuten auf jeder Seite scharf anbraten, bis das Semmelmehl goldbraun ist. Die Schnitzel auf ein großes Backblech legen und je eine Scheibe Prosciutto und darauf eine Scheibe Gruyère legen.

- Die Schnitzel 10 Minuten grillen, bis der Käse geschmolzen ist. Nach Geschmack mit grünem Salat und frischem Bauernbrot servieren.

 Schweineschnitzel mit Senf und Salbei

4 Schweinefilets (à 250 g) wie oben flach klopfen, mit je 1 Scheibe Frühstücksspeck umwickeln. Je 2 Salbeiblätter dazustecken, mit Bambusspießen fixieren. Für das Dressing 2 EL Olivenöl, 1 EL flüssigen Honig, je 2 TL Weißweinessig und körnigen Senf und 1 TL Worcestershiresauce verrühren. 1 EL Olivenöl in einer Pfanne erhitzen und die Schnitzel bei höchster Hitze 1–2 Minuten je Seite scharf anbraten, dabei mit dem Dressing begießen.

 **Schweineschnitzel mit Käsekruste** Den Ofengrill vorheizen. 4 Schweinefilets (à 250 g) wie oben vorbereiten und mit schwarzem Pfeffer würzen. 4 EL frisches Semmelmehl, 75 g gereiften, geriebenen Cheddar, 30 g zerlassene Butter und 1 EL gehackten Schnittlauch mischen. Das Fleisch 3 Minuten auf einer Seite grillen, dann wenden und mit 200 g weichem Ziegenkäse bestreichen. Mit der Semmelmehl-Mischung bestreuen und nochmals 3–4 Minuten grillen. Mit gehacktem Schnittlauch bestreut servieren. Grüne Butterbohnen dazureichen.

Glasierter Kasseler Braten
mit karamellisierten Zwiebeln

Für 4 Personen

1 EL Olivenöl

4 Scheiben magerer
  Kasseler Braten (à 100 g)

15 g Butter

2 Zwiebeln, in Scheiben

2 TL frischer Thymian

4 EL grobe Orangenmarmelade

1 EL körniger Senf

300 ml heiße Hühnerbrühe

Kartoffelpüree als Beilage
  (nach Wunsch)

- Das Öl in einer großen, schweren Pfanne erhitzen und das Fleisch darin 5 Minuten bei großer Hitze braten, einmal wenden. Aus der Pfanne heben und warmhalten.

- Die Butter in der Pfanne zerlassen und Zwiebel und Thymian bei niedriger Hitze 15 Minuten dünsten, gelegentlich umrühren, bis die Zwiebel zu karamellisieren beginnt. Marmelade, Senf und Brühe dazugeben und aufkochen lassen, dann die Temperatur herunterschalten und 2–3 Minuten ziehen lassen, bis die Sauce sämig wird.

- Das Fleisch in die Pfanne zurückgeben und noch 3 Minuten ziehen lassen, bis die Sauce dick und cremig geworden ist. Nach Wunsch mit Kartoffelpüree servieren.

 Glasierter Speck mit Zwiebeln aus der Pfanne 1 EL Olivenöl in einer großen Pfanne erhitzen und zwölf Scheiben zerpflückten Frühstücksspeck und 2 in dünne Scheiben geschnittene Zwiebeln darin bei großer Hitze 4 Minuten scharf anbraten, häufig umrühren. Inzwischen für die Sauce je 3 EL Orangenmarmelade und Orangen-saft und je 1 TL körnigen Senf und frischen Thymian gut verrühren, in die Pfanne geben und 2 Minuten erhitzen. Nach Wunsch Backkartoffeln damit füllen oder auf Toast mit geriebenem Käse bestreut servieren.

 **Kasseler Bratenpfanne mit Gemüse** 4 magere Scheiben Kasseler Braten (à 100 g) in dünne Streifen schneiden. 15 g Butter mit 1 EL Olivenöl in einer großen Pfanne zerlassen und das Fleisch mit 2 in Scheiben geschnittenen Zwiebeln, 1 geputzten und ge-hackten orangefarbenen Paprika und 2 TL frischem Thymian bei großer Hitze 8–10 Minuten unter Rühren goldbraun braten. 100 g Zuckerschoten dazugeben und noch 2 Minuten weiterrühren. Je 2 EL Orangenmarmelade und Orangensaft und 1 TL dunkle Sojasauce verrühren, in die Pfanne geben und alles 1–2 Minuten gut durchmischen. Nach Wunsch mit Langkornreis servieren.

Rindfleisch-Kokos-Rendang

Für 4 Personen

250 g Thai-Jasminreis
(nach Wunsch)
2 EL Pflanzenöl
1 EL fein gehackter frischer Ingwer
1 rote Chilischote,
in dünnen Scheiben
1 Knoblauchzehe,
in dünnen Scheiben
1 Zitronengrasstängel,
in dünnen Scheiben
500 g Minutensteak, in Streifen
½ TL Zimtpulver
1 Prise Kurkuma
Saft von 1 Zitrone
400 ml Kokosmilch
4 EL gehackter frischer Koriander

- Den Thai-Jasminreis (sofern gewünscht) nach Anweisung des Herstellers zubereiten.

- Inzwischen das Öl in einer großen, schweren Pfanne erhitzen und Ingwer, Chilischote, Knoblauch und Zitronengras darin unter häufigem Rühren 1–2 Minuten bei mittlerer Hitze weich, jedoch nicht braun dünsten. Das Fleisch dazugeben, die Temperatur hochschalten und 5 Minuten unter Rühren scharf anbraten.

- Zimtpulver und Kurkuma dazugeben und einige Sekunden weiterrühren, dann den Limettensaft und die Kokosmilch dazugeben und alles unter häufigem Rühren 2–3 Minuten erhitzen.

- Mit Koriander servieren und nach Wunsch Jasminreis dazureichen.

Thai-Rindfleisch-Spieße mit Kokossahne Den Ofengrill vorheizen. 500 g Filetsteak in grobe Würfel schneiden und zusammen mit 2 roten, in grobe Wurfel geschnittenen Paprika auf acht Metallspieße verteilen. 3 EL rote Thai-Currypaste und 200 ml Kokosmilch verrühren und über die Spieße löffeln. Das Fleisch 3–4 Minuten auf jeder Seite grillen und mit warmem Pita servieren.

Zitronengras-Fleischspieße mit Currykokossahne Den Ofengrill vorheizen. 500 g Filetsteak in grobe Würfel schneiden. Das Fleisch und das untere Ende von 4 Zitronengrasstängeln mit einem Nudelholz leicht flach klopfen. Jedes Fleischstück oben und unten mit einem scharfen Messer durchstechen und auf die Zitronengrasstängel wie auf einen Fleischspieß stecken. 4 EL rote oder grüne Thai-Currypaste und 200 ml Kokosmilch verrühren und über das Fleisch löffeln, beiseitestellen. Inzwischen 250 g Express-Reis (z. B. Thai) zubereiten, dabei zu Beginn der Kochzeit 10 getrocknete Kaffirlimettenblätter dazugeben. Das Fleisch 3–4 Minuten auf jeder Seite grillen. Mit Reis und gedünstetem Pak Choi servieren.

30 Fruchtig gefülltes Schweinefilet mit Rosmarin

Für 4 Personen

2 Schweinefilets, à 250–300 g

3 EL gehackter frischer Rosmarin,

3 EL Olivenöl

1 Zwiebel, fein gehackt

2 Pfirsiche, entsteint, grob gehackt

½ TL gemahlener Koriander

1 Prise gemahlener Kreuzkümmel

frisch gemahlener schwarzer Pfeffer

- Die Schweinefilets bis 1,5 cm von der Kante entfernt quer durchschneiden, auseinanderfalten und auf beiden Seiten mit Rosmarin und frisch gemahlenem schwarzen Pfeffer bestreuen.

- 2 EL Öl in einer großen, schweren Pfanne erhitzen und die Zwiebel darin bei mittlerer Hitze unter Rühren 4 Minuten glasig dünsten. Pfirsiche und Gewürze dazugeben und noch 1 Minute weiterrühren.

- Die Pfirsichmischung auf die beiden aufgeklappten Filets verteilen. Das Fleisch vorsichtig zusammenfalten und mit Küchenschnur fixieren, damit es sich nicht wieder öffnet.

- Die Pfanne auswischen, das restliche Öl darin erhitzen und das Fleisch darin auf niedriger 20 Minuten zart garen, dabei gelegentlich wenden. Für die letzten 5–10 Minuten der Kochzeit den Deckel auflegen.

- Das Fleisch in Scheiben schneiden und sofort servieren.

 Fruchtige Schweinesteaks aus der Pfanne

Den Saft von 3 Orangen mit 1 EL gehacktem frischem Rosmarin und 2 zerdrückten Knoblauchzehen gut verrühren. 4 dünn geschnittene Schweinelendensteaks (à 150 g) mit der Orangenmischung bestreichen. 1 EL Olivenöl in einer großen Pfanne erhitzen und das Fleisch darin bei großer Hitze je 3 Minuten auf jeder Seite braten. Mit Couscous, Zitronenspalten und dem Bratensaft aus der Pfanne servieren.

 Glasierte Schweinesteaks mit Pfirsichen

Den Grill auf 200 ºC vorheizen. 4 Schweinesteaks (à 150 g) mit ein wenig Olivenöl einpinseln und mit Salz und frisch gemahlenem schwarzem Pfeffer würzen. In eine ofenfeste Form legen. 2 Pfirsiche entsteinen und vierteln und dazulegen. Butter in Flöckchen auf das Fleisch geben, 1 Prise Chiliflocken und 2 TL braunen Zucker darüberstreuen. Das Fleisch im Ofen 15 Minuten goldbraun grillen, einmal wenden. Mit dem Pfirsich-Bratensaft servieren.

Pochierte Hähnchenbrust
mit roter Thai-Currysauce

Für 4 Personen

600 ml Hühnerbrühe

1 Bd. Frühlingszwiebeln,
  grob gehackt

2,5 cm Ingwer, geschält, grob gehackt

1 Handvoll Koriander

1 Zitronengrasstängel, gehackt

500 g Hähnchenbrüste
  ohne Haut, in Würfeln

Thai-Jasminreis, als Beilage

Für die Sauce

1 EL Pflanzenöl

2 EL rote Thai-Currysauce

200 ml Kokosmilch

4 EL gehackter frischer Koriander

2 TL Fischsauce

- Die Brühe, zwei grob gehackte Frühlingszwiebeln, Ingwer, Korianderstängel und Zitronengras in einem Topf zusammen aufkochen lassen. Die Temperatur herunterschalten und die Brühwürfel dazugeben. Das Fleisch darin 10 Minuten lang garen, dann mit einer Schaumkelle herausheben und beiseitestellen – es macht nichts, wenn einige der Gewürze an dem Fleisch kleben bleiben. Die Brühe abseihen und 150 ml davon beiseitestellen.

- Für die Sauce das Öl in einer großen, schweren Pfanne erhitzen und eine fein gehackte Frühlingszwiebel darin bei mittlerer Hitze unter Rühren 1 Minute dünsten. Die Currypaste dazugeben und noch 1 Minute weiter rühren. Die Kokosmilch dazugeben, gut durchmischen und die Brühe angießen. Koriander und Fischsauce dazugeben, gut rühren und nochmals 5 Minuten ziehen lassen, bis die Sauce ein wenig abgebunden hat.

- Auf vorgewärmten Tellern über Thai-Jasminreis anrichten.

Schnelles rotes Thai-Curry mit Kokoshuhn 2 EL rote Thai-Currypaste und 1 Spritzer Kokosmilch in einem Wok oder einer großen Pfanne bei mittlerer Hitze 1 Minute lang unter Rühren erhitzen. Die restliche Kokosmilch dazugießen und schwach kochen lassen. 4 in dünne Scheiben geschnittene Hähnchenbrüste ohne Haut (à 150 g) und 100 g grüne Bohnen dazugeben, 5 Minuten ziehen lassen, 100 g Kirschtomaten dazugeben und nochmals 3 Minuten garen. Mit Thai-Jasminreis servieren.

Rotes Thai-Curry mit Gemüse und Huhn 100 g grüne Linsen unter fließendem Wasser abspülen und in einen Topf geben. Mit viel kochendem Wasser übergießen und 15 Minuten gar ziehen lassen. Inzwischen 1 EL Pflanzenöl in einer großen, schweren Pfanne erhitzen und 1 gepuzte und grob gehackte rote Paprika darin bei mittlerer Hitze 2 Minuten unter Rühren dünsten. 4 Hähnchenfilets ohne Haut (à 150 g) in Würfel schneiden und bei mittlerer Hitze 1–2 Minuten mitdünsten, dabei vorsichtig rühren.

100 g rote Thai-Currypaste, 400 ml Kokosmilch und 200 g Zuckerschoten dazugeben und noch 4–5 Minuten garen. Die Linsen abgießen und zum Hähnchen geben. Mit Reis auf Tellern anrichten, mit gehacktem Koriander bestreut servieren.

QuickFamily
Fischgerichte

Rezepte nach Zubereitungszeit

30

2

10

Schellfisch in Parmesankruste mit Tomaten-Avocadosalsa

Für 4 Personen

4 Schellfischfilets, (à 175 g),
   ohne Haut
Saft von ½ Zitrone
50 g Parmesan, frisch gerieben
1 TL frisch gemahlener
   schwarzer Pfeffer
Rucola als Beilage

Für die Salsa

1 Avocado, entsteint, geschält,
   grob gehackt
3 Strauchtomaten, grob gehackt
4 EL gehackte glatte Petersilie
2 EL Olivenöl
frisch gemahlener schwarzer Pfeffer

- Den Ofengrill vorheizen. Die Fischfilets mit dem Zitronensaft beträufeln. Parmesan und Pfeffer auf einem separaten Teller mischen und die Fischfilets auf einer Seite damit panieren.

- Den Schellfisch mit der Panade nach oben auf einen mit Alufolie abgedeckten Grillrost legen und 5–6 Minuten goldbraun grillen.

- Inzwischen die Zutaten für die Salsa in einer kleinen Schüssel gut mischen und mit reichlich schwarzem Pfeffer würzen.

- Den Fisch mit Salsa und Zitronenspalten anrichten. Dazu knackigen Rucola servieren, wenn gewünscht.

Schellfisch in Tapenadekruste mit Tomaten-Oliven-Salsa

Den Ofengrill vorheizen. 4 Schellfischfilets (à 175 g) ohne Haut auf einen mit Alufolie abgedeckten Grillrost legen, mit je 1 EL schwarzer Tapenade (Olivenpaste) bestreichen und 5–6 Minuten grillen. Inzwischen 1 entsteinte, geschälte und grob gehackte Avocado, 3 grob gehackte Strauchtomaten, 4 EL gehacktes Basilikum, 1 Handvoll schwarze Oliven ohne Stein und 2 EL Olivenöl in einer Schüssel mischen. Mit schwarzem Pfeffer würzen und als Beilage zu dem Fisch servieren.

Schellfisch in Parmesankruste mit Gemüseeintopf Den Ofengrill vorheizen. 2 EL Olivenöl, 1 TL frischen gehackten Rosmarin und 1 Lorbeerblatt in einer großen, schweren Pfanne erhitzen und bei mittlerer Hitze 1 Minute rühren. 1 fein gehackte Zwiebel, 1 große Knoblauchzehe, 1 Selleriestange, 1 Karotte und 4 kleine geputzte Zucchini dazugeben und unter häufigem Rühren 7–8 Minuten dünsten. 400 g Kichererbsen aus der Dose, abgegossen, und 150 ml Fischbrühe dazugeben und 10 Minuten schwach kochen.

Inzwischen 4 Schellfischfilets (à 175 g) ohne Haut wie oben grillen. Den Saft von ½ Zitrone und 2 EL gehackte glatte Petersilie in das Gemüse einrühren und mit dem Schellfisch angerichtet servieren.

Lachs mit grünem Gemüse

Für 4 Personen

1 EL Olivenöl

1 Lauchstange, geputzt,
   in dünnen Scheiben

300 ml Fischbrühe

200 g Crème fraîche

125 g TK-Erbsen

125 g grüne Sojabohnen (Edamame)
   oder Pferdebohnen

4 dicke Lachsfilets ohne Haut,
   (à 150 g)

2 EL gehackter Schnittlauch

frisch gemahlener schwarzer Pfeffer

zubereitetes Kartoffelpüree
   als Beilage

- Das Öl in einer großen, schweren Pfanne erhitzen und den Lauch darin bei mittlerer Hitze unter häufigem Rühren 3 Minuten weich dünsten. Die Fischbrühe dazugießen, aufkochen lassen und die Flüssigkeit 2 Minuten lang etwas reduzieren. Crème fraîche dazugeben, gut rühren, dann Erbsen, Bohnen und Lachs dazugeben und wieder aufkochen lassen.

- Die Temperatur herunterschalten und zugedeckt 10 Minuten ziehen lassen, bis der Fisch durch und durch weiß und das Gemüse gut durchgegart sind.

- Den Fisch mit Schnittlauch und frisch gemahlenem schwarzem Pfeffer anrichten. Kartoffelpüree als Beilage servieren.

Lachs mit grünem Gemüse, Sahnesauce und Tagliatelle Einen Topf mit Salzwasser zum Kochen bringen und 500 g frische Tagliatelle darin 3–4 Minuten bissfest kochen, dann abgießen. Inzwischen 1 EL Butter in einer großen, schweren Pfanne zerlassen und 2 Lachsfilets (à 150 g) ohne Haut, in kleine Würfel geschnitten, und 50 g TK-Erbsen darin bei mittlerer Hitze unter häufigem Rühren 3 Minuten garen. 16 dünne grüne Spargelstangen, in etwa 3,5 cm großen Stücken, 75 ml Fisch-brühe und 250 g Sahne dazugeben und 5 Minuten ziehen lassen. Die Pasta in die Pfanne geben, alles gut durchmischen und mit gehackter glatter Petersilie oder Basilikum servieren.

Lachs-Gemüse-Quiche Den Ofen auf 180 ºC vorheizen. 1 gehackte Lauchstange, 50 g TK-Saubohnen, 50 g TK-Erbsen, 2 EL gehackten Schnittlauch und 2 in 1,5 cm große Würfel geschnittene Lachsfilets (à 150 g) ohne Haut gut mischen und auf einen großen Mürbeteig aus dem Kühlregal geben. 2 große Eier, 1 Eigelb, 250 g Sahne, je 1 Prise Cayennepfeffer und frisch geriebene Muskatnuss verquirlen und über die Quichefüllung gießen. 25 Minuten im Ofen backen, bis die Quiche oben fest und goldbraun ist.

Fisch-Tomaten-Eintopf

Für 4 Personen

1 EL Olivenöl
1 Zwiebel, in dünnen Scheiben
1 Knoblauchzehe, gehackt
2 Tomaten, grob gehackt
400 g gehackte Tomaten
  aus der Dose
4 EL Tomatenmark
150 ml Weißwein
400 g gemischte Fischfilets
  ohne Haut, grob gewürfelt
150 g rohe Garnelen, geschält
5 EL gehackter frischer Thymian
75 g schwarze Oliven ohne Stein
frisch gemahlener schwarzer Pfeffer
warmes Bauernbrot als Beilage

- Das Öl in einer großen, schweren Pfanne erhitzen und die Zwiebel und den Knoblauch darin unter Rühren 3–4 Minuten glasig dünsten. Die frischen Tomaten dazugeben und 2–3 Minuten weiterrühren, dann die Tomaten aus der Dose, das Tomatenmark und den Wein dazugeben, aufkochen und 5 Minuten schwach kochen lassen, bis die Sauce abgebunden hat.

- Fisch und Garnelen zu der Tomatenmischung geben, die Temperatur reduziert und zugedeckt 7–8 Minuten gar ziehen lassen. Thymian und schwarze Oliven dazugeben, nochmals gut durchmischen und mit frisch gemahlenem schwarzen Pfeffer würzen.

- Auf vorgewärmte Teller anrichten und warmes Bauernbrot als Beilage dazureichen.

Schneller Fischeintopf

1 EL Olivenöl in einer großen Pfanne erhitzen, 1 fein gehackte Zwiebel und etwas Knoblauchpaste darin bei mittlerer Hitze unter häufigem Rühren 3 Minuten dünsten. 400 ml Hummersuppe und 200 g gehackte Tomaten aus der Dose, 200 g Fischfilet ohne Haut, grob gewürfelt, und 150 g gekochte, geschälte Garnelen dazugeben, bei großer Hitze 7 Minuten unter Rühren kochen, bis die Meeresfrüchte gar sind. Mit frischem Bauernbrot servieren.

Fischcurry

Den Ofengrill vorheizen. Je 1 TL Fenchel, Kreuzkümmel, Koriandersamen und Zimtpulver, je ½ TL Bockshornkleesamen und schwarze Pfefferkörner sowie eine Gewürznelke auf ein Backblech streuen und 3–4 Minuten im Ofen rösten. 1 EL Olivenöl in einer großen, schweren Pfanne erhitzen und 1 Zwiebel in dünnen Scheiben und 1 gehackte Knoblauchzehe darin bei mittlerer Hitze unter häufigem Rühren 3–4 Minuten glasig dünsten. 2 grob gehackte Tomaten dazugeben und 2–3 Minuten weiterkochen. 400 g gehackte Tomaten aus der Dose, die gerösteten Gewürze und 150 ml Fischbrühe dazugeben, aufkochen lassen und zugedeckt 10 Minuten kochen. 200 g Fischfilet ohne Haut, grob gewürfelt, und 150 g gekochte, geschälte Garnelen dazugeben und nochmals zugedeckt 7–8 Minuten gar ziehen lassen. Gut umrühren und mit 2 großen Handvoll gezupftem Koriander servieren.

Kabeljaustäbchen
mit Limetten-Kapern-Mayonnaise

Für 4 Personen

100 g Weizenmehl
450 g Kabeljaufilet ohne Haut,
   in Streifen geschnitten
250 g Semmelmehl
abgeriebene Schale von 2 Limetten
1 TL schwarzer Pfeffer, zerstoßen
2 Eier
150 ml Pflanzenöl
Salz und frisch gemahlener
   schwarzer Pfeffer

Für die Mayonnaise
200 g Crème fraîche
6 EL Mayonnaise
Saft und abgeriebene Schale
   von 1 Limette
2 EL Kapern, grob gehackt
3 EL gehackte glatte Petersilie
1 EL gehackter Schnittlauch

- Das Mehl mit Salz und frisch gemahlenem schwarzem Pfeffer würzen und die Fischfilets darin wenden. Das Semmelmehl mit der Limettenzeste und den zerstoßenen Pfefferkörnern auf einem separaten Teller mischen. Die Eier gründlich verquirlen.

- Das Öl in einer großen, schweren Pfanne erhitzen. Nun jeden Fischstreifen zuerst in dem Ei, dann in dem Semmelmehl wenden und in zwei Portionen bei großer Hitze 3–4 Minuten goldbraun braten, dabei einmal wenden. Mit einer Schaumkelle herausheben und auf Küchenpapier abtropfen lassen.

- Inzwischen die Mayonnaise zubereiten: Crème fraîche und Mayonnaise gut verrühren, die restlichen Zutaten dazugeben und mit frisch gemahlenem schwarzem Pfeffer würzen. Als Dip zu den Fischstäbchen servieren.

 **Gebratener Kabeljau mit Limetten-Kapern-Mayonnaise** 4 Kabeljausteaks (à 175 g) in 50 g mit Salz und frisch gemahlenem schwarzem Pfeffer gewürztem Weizenmehl wenden. 4 EL Olivenöl in einer großen, schweren Pfanne erhitzen und den Fisch bei mittlerer Hitze 2–3 Minuten auf jeder Seite goldbraun braten. Inzwischen die Kapern-Limetten-Mayonnaise wie oben zubereiten und den Fisch mit der Mayonnaise angerichtet servieren.

 **Pikante Kabeljausteaks mit Röstkartoffeln** Den Ofen auf 200 ºC vorheizen. 4 Kabeljausteaks (à 175 g) in 50 g mit Salz und frisch gemahlenem schwarzem Pfeffer gewürztem Weizenmehl wenden, zuerst in 2 verquirlten Eiern und dann in 125 g Semmelmehl, gewürzt mit 1 TL Chiliflocken, wenden. Auf ein Backblech legen. 3 große Backkartoffeln in kleine Würfel schneiden und in 2 EL Olivenöl wenden. Um den Fisch herum verteilen und 20 Minuten im Ofen goldbraun rösten. Inzwischen die Kapern-Limetten-Mayonnaise wie oben zubereiten und den Fisch mit der Mayonnaise angerichtet servieren.

Seeteufel in Parmaschinken mit Pesto

Für 4 Personen

4 Stück Seeteufel, (à 175 g)

2 EL Pesto

4 Scheiben Parmaschinken

2 EL Olivenöl

500 g frische Tagliatelle

1 Bd. Frühlingszwiebeln, geputzt, in dünnen Scheiben

250 g Kirschtomaten, halbiert

200 g frischer Spinat

Salz und frisch gemahlener schwarzer Pfeffer

- Den Ofen auf 200 °C vorheizen. Den Fisch auf einer Seite mit dem Pesto bestreichen und jeweils fest mit einer Scheibe Parmaschinken umwickeln. 1 EL Öl in einer großen, schweren Pfanne erhitzen, den Fisch mit dem offenen Schinkenende nach unten in die Pfanne setzen und bei mittlerer Hitze je 3–4 Minuten auf jeder Seite goldbraun anbraten, dann auf ein Backblech legen und 10 Minuten im Ofen garen.

- Inzwischen einen Topf mit Salzwasser zum Kochen bringen und die Tagliatelle darin 3–4 Minuten bissfest kochen, dann abgießen. Das Öl in einer großen, schweren Pfanne erhitzen und die Frühlingszwiebeln darin unter Rühren 1–2 Minuten weich dünsten. Die Kirschtomaten dazugeben und 2 Minuten rühren, dann den Spinat dazugeben, alles gut durchmischen 1 Minute weiterdünsten, bis er zusammengefallen ist. Die Pasta in die Pfanne geben, mit reichlich schwarzem Pfeffer würzen.

- Tagliatelle und Seeteufel auf vorgewärmten Tellern servieren.

 Gegrillter Lachs mit Pesto und Schinken

Den Ofengrill vorheizen. 4 Lachsfilets ohne Haut (à 150 g) auf ein tiefes Backblech legen und mit je 1 TL Pesto bestreichen. 4 Scheiben Frühstücksspeck dazulegen und alles für 6–8 Minuten grillen, bis der Speck goldbraun und knusprig ist. Die Lachsfilets mit 1 Scheibe Speck belegt auf vorgewärmten Tellern anrichten.

 **Seeteufel mit Pesto und Gemüsespießen**

Den Ofengrill vorheizen. 700 g Seeteufel in 2,5 cm große Stücke schneiden und abwechselnd mit 12 Kirschtomaten, 2 grob gewürfelten Zucchini und 8 Lorbeerblättern auf vier Metallspieße verteilen (alternativ auf Bambusspieße, die 30 Minuten gewässert wurden). Je 2 TL Pesto und Olivenöl verrühren und die Spieße damit beträufeln. 15 Minuten im Ofen (oder auf dem Gartengrill) braten und mit Salat und Bauernbrot servieren.

 # Indischer Meeresfrüchte-Biryani

Für 4 Personen

4 Eier
250 g Basmatireis
175 g grüne Bohnen, grob gehackt
2 EL Pflanzenöl
2 Zwiebeln, in dünnen Scheiben
3 EL Biryani-Currypaste
175 g große gekochte Garnelen,
  geschält
175 g Surimi, zerpflückt
6 EL gehackter frischer Koriander
150 g Naturjoghurt
  mit 1 TL Minzsauce verrührt
Salz

- Einen Topf mit Salzwasser zum Kochen bringen und die ganzen Eier und den Reis darin 10 Minuten zusammen kochen. Die Eier mit einer Schaumkelle herausheben. Die Bohnen zu dem Reis geben und noch 5 Minuten weiter kochen, dann abgießen. Inzwischen die Eier unter fließendem kalten Wasser abschrecken, pellen und grob hacken.

- Das Öl in einem Wok oder einer großen, schweren Pfanne erhitzen, und die Zwiebel darin bei mittlerer Hitze 5 Minuten unter gelegentlichem Rühren glasig dünsten. Die Currypaste dazugeben und 1 Minute lang rühren. Garnelen und Surimi dazugeben und noch 2 Minuten unter Rühren weitergaren.

- Die Reis-Bohnen-Mischung und den Koriander dazugeben und 1 Minute unter Rühren erhitzen. Zuletzt mit den gehackten Eiern mischen und sofort servieren, den Minzjoghurt dazureichen.

Schneller indischer Garnelen-Pilaw

1 EL Pflanzenöl in einer großen, schweren Pfanne erhitzen und 1 kleine geraspelte Zwiebel, 2 geraspelte Zucchini und 100 g Balti-Currypaste darin bei mittlerer Hitze unter häufigem Rühren 3 Minuten dünsten. 200 g TK-Erbsen dazugeben und 2 Minuten weiterrühren. 400 g gekochte, geschälte Garnelen dazugeben und 2 Minuten weiterrühren. Zuletzt 350 g gekochten Reis oder Express-Reis dazugeben und noch 2 Minuten erhitzen. Mit 1 TL fein gehackter roter Chilischote und 1 Handvoll gehacktem Koriander servieren.

 ### Indischer Lachs-Biryani mit Linsen

3 EL Biryani-Currypaste mit 3 EL Naturjoghurt verrühren und 4 Lachssteaks ohne Haut (à 150 g) damit übergießen. Zugedeckt in den Kühlschrank stellen. 1 EL Olivenöl in einer großen, schweren Pfanne erhitzen und 1 gehackte rote Zwiebel darin bei mittlerer Hitze 2 Minuten unter häufigem Rühren glasig dünsten. 2 zerstoßene Knoblauchzehen, 1 fein gehackte rote Chilischote, 2 Prisen Kurkuma, 1 kleine Zimtstange, 1 Sternanis und 4 zerstoßene Kardamomkapseln dazugeben und unter häufigem Rühren 1 Minute kochen.

100 g gewaschene grüne Linsen und 600 ml Gemüsebrühe dazugeben, 5 Minuten schwach kochen. 150 g Basmatireis dazugeben und nochmals 15 Minuten ziehen lassen. 19 Minuten vor Ende der Garzeit ½ EL Olivenöl in einer Pfanne erhitzen, den Lachs gut abschütteln und bei niedriger Hitze 2–3 Minuten auf jeder Seite goldbraun braten, dann zerpflücken. Zimt und Sternanis aus der Reismischung nehmen, den Lachs und 3 EL gehackten Koriander dazugeben, alles gut durchmischen und sofort servieren.

Thunfisch-Nudelgratin mit Kürbis und Erbsen

Für 4 Personen

250 g Penne
2 EL Olivenöl
1 Zwiebel, gehackt
1 Butternut-Kürbis, etwa 400 g,
  geschält, geputzt und gewürfelt
400 g Thunfisch in Öl aus der Dose,
  abgegossen und zerpflückt
175 g TK-Erbsen, aufgetaut
25 g Butter
25 g Weizenmehl
300 ml Milch
200 g Crème fraîche
1 EL Dijonsenf
50 g Cheddar, gerieben
Salz

- Einen Topf mit Salzwasser zum Kochen bringen, die Penne darin 10–12 Minuten bissfest kochen, dann abgießen.

- Den Ofengrill vorheizen. Inzwischen das Öl in einem Wok oder einer großen, schweren Pfanne erhitzen und die Zwiebel und den Butternut-Kürbis darin unter Rühren bei mittlerer Hitze 8–10 Minuten goldbraun dünsten. Pasta, Thunfisch und Erbsen dazugeben und alles gut durchmischen.

- Die Butter in einem Topf zerlassen, das Mehl dazugeben und bei mittlerer Hitze einige Sekunden unter Rühren erhitzen. Den Topf vom Herd nehmen und die kalte Milch nach und nach dazugeben, dabei jeweils gut verrühren. Den Topf auf den Herd zurückstellen und unter ständigem Rühren kochen, bis die Mehlschwitze abbindet. Crème fraîche und Senf einrühren, die Sauce vom Herd nehmen und mit der Pasta mischen.

- Die Fisch-Pasta-Mischung in eine ofenfeste Form geben, mit geriebenem Cheddar bestreuen und 3–4 Minuten im Ofen goldbraun grillen. Mit grünem Salat servieren.

Thunfisch-Käse-Pasta
Einen Topf mit Salzwasser zum Kochen bringen und die frische Tagliatelle darin 3–4 Minuten bissfest kochen, abgießen, in den Topf zurückgeben. Inzwischen 1 Knoblauchbaguette aus dem Kühlregal nach Packungsangabe zubereiten. 350 ml Käsesauce aus dem Glas oder Tetrapack, 1 EL Dijonsenf, 400 g Thunfisch in Öl aus der Dose, abgetropft und zerpflückt, und 175 g aufgetaute TK-Erbsen dazugeben, alles gut erhitzen. Mit dem Knoblauchbrot servieren.

Pastasalat mit Thunfisch und Cannellinibohnen Das Öl von 400 g Thunfisch aus der Dose abgießen und zurückbehalten, den Thunfisch zerpflücken. 400 g Cannellinibohnen aus der Dose abgießen und abspülen. Thunfisch und Bohnen mit 450 g gekochter, abgekühlter Pasta mischen. 3 EL des Thunfischöls mit 3 EL Olivenöl, 2 zerstoßenen Knoblauchzehen, 1 TL englischem Senfpulver, der Zeste von 1 Zitrone und reichlich schwarzem Pfeffer verrühren und mit der Pasta mischen. Mit roten Zwiebelringen und frisch gehobeltem Parmesan bestreut servieren. Warmes Ciabatta dazureichen.

.

Jakobsmuscheln und Lauch in Sahnesauce

Für 4 Personen

50 g Butter
16 Jakobsmuscheln,
  geputzt, halbiert
1 Scheibe Frühstücksspeck,
  grob gehackt
3 Lauchstangen, geputzt, grob
  gehackt
200 g Crème fraîche
abgeriebene Schale von 1 Zitrone
Pfeffer
Langkornreis, als Beilage

- Die Hälfte der Butter in einer großen, schweren Pfanne erhitzen. Jakobsmuscheln und Frühstücksspeck darin bei großer Hitze unter häufigem Rühren 2 Minuten scharf anbraten. Aus der Pfanne heben und warm halten.

- Die restliche Butter und die Pfanne geben und den Lauch darin bei mittlerer Hitze 5 Minuten leicht braun dünsten, gelegentlich umrühren. Crème fraîche und Zitronenzeste dazugeben und mit reichlich schwarzem Pfeffer würzen.

- Die Jakobsmuscheln zu dem Lauchgemüse geben, gut erwärmen und mit gekochtem Langkornreis als Beilage servieren.

 **Pasta mit Jakobsmuscheln, Lauch und Schinken in Sahnesauce**

Einen Topf mit Salzwasser zum Kochen bringen und die Fusilli darin 10–12 Minuten bissfest kochen, abgießen und in den Topf zurückgeben. Inzwischen 25 g Butter in einer großen, schweren Pfanne erhitzen und 8 Scheiben grob gehackten Frühstücksspeck und 16 geputzte, halbierte Jakobsmuscheln darin bei mittlerer Hitze 2 Minuten dünsten. 4 geputzte, grob gehackte Lauchstangen dazugeben und unter Rühren 5 Minuten weiterdünsten. Warm halten. 25 g Butter in einem Topf zerlassen, 25 g Mehl dazugeben und bei mittlerer Hitze einige Sekunden unter Rühren erhitzen. Den Topf vom Herd nehmen und 250 ml kalte Milch nach und nach dazugeben, dabei jeweils gut verrühren. Den Topf auf den Herd zurückstellen und unter ständigem Rühren kochen, bis die Mehlschwitze abbindet. Den Topf vom Herd nehmen und 4 EL frisch geriebenen Parmesan, 200 g Crème fraîche und 3 EL gehackte glatte Petersilie dazugeben. Muscheln und Sauce zu der Pasta geben, alles gut durchmischen und sofort servieren.

Jakobsmuschel-Speck-Kebabs

mit Lauchgemüse Einen Kontaktgrill vorheizen. 10 Scheiben durchwachsenen Speck ohne Schwarte halbieren und 20 kleine, geputzte Jakobsmuscheln darin einwickeln, dann sofort auf vier Metallspieße stecken. 2 EL Olivenöl und 1 EL flüssigen Honig verrühren und die Spieße damit einpinseln. 25 g Butter und 1 EL Olivenöl in einer großen Pfanne erhitzen und 2 fein gehackte Lauchstangen darin 6–8 Minuten weich dünsten. Je 1 TL Zitronenabrieb und körnigen Senf und 200 g Crème fraîche dazugeben und 2 Minuten unter Rühren weiterdünsten. Warm halten. Die Spieße unter dem Grill auf jeder Seite 2–3 Minuten goldbraun grillen. Mit Lauchgemüse servieren.

Lachspastete mit Lauch, Erbsen und Dillkartoffelpüree

Für 4 Personen

500 g Lachsfilet ohne Haut

25 g Butter

25 g Weizenmehl

450 ml Milch

3 große Lauchstangen, grob gehackt

125 g TK-Erbsen, aufgetaut

500 g zubereitetes Kartoffelpüree

50 g Dill, grob gehackt

25 g Parmesan, frisch gerieben

Salz und frisch gemahlener
   schwarzer Pfeffer

- Den Ofen auf 200 °C und den Ofengrill vorheizen. Den Lachs in einen mikrowellenfesten Behälter geben und mit 2 EL Wasser übergießen. Deckel auflegen und 3–4 Minuten auf hoher Stufe in der Mikrowelle garen. Abkühlen lassen, mit der Gabel zerpflücken.

- Die Butter in einem Topf zerlassen, das Mehl dazugeben und bei mittlerer Hitze einige Sekunden unter Rühren erhitzen. Den Topf vom Herd nehmen und die kalte Milch nach und nach dazugeben, dabei jeweils gut verrühren. Den Topf auf den Herd zurückstellen und unter ständigem Rühren kochen, bis die Mehlschwitze abbindet. Vom Herd nehmen und mit Salz und frisch gemahlenem schwarzem Pfeffer würzen.

- Lauch und Erbsen in die Sauce geben, dann den Lachs vorsichtig unterrühren. In eine ofenfeste Form geben. Das Kartoffelpüree mit 2 EL Wasser und zwei Dritteln des Dills glatt rühren. Das Püree über den Lachs geben, mit geriebenem Parmesan bestreuen, im Ofen 10 Minuten vorgaren. Unter den heißen Grill setzen und 5 Minuten goldbraun grillen. Mit dem restlichen Dill bestreuen und servieren.

 Kartoffelpüree mit Lachs, Spinat und Erbsen 350 ml Käsesauce aus dem Glas oder Tetrapack (z. B. Quattro Formaggi) in einen Topf geben und bei mittlerer Hitze 5 Minuten erhitzen. 100 g aufgetauten TK-Spinat und 75 g aufgetaute TK-Erbsen dazugeben und ein paar Minuten weiterdünsten. 250 g Räucherlachs dazugeben und unter Rühren gut erhitzen. Zubereitetes Kartoffelpüree, frisch oder aus der Packung, mit der Lachssauce servieren.

 **Gebackener Lachs mit Lauch und Käse** Den Ofen auf 200 °C vorheizen. 4 Lachsfilets ohne Haut (à 150 g) auf ein tiefes Backblech legen und gut würzen. 25 g Butter in einer großen, schweren Pfanne erhitzen und 1 große, in dünne Scheiben geschnittene Lauchstange bei großer Hitze unter häufigem Rühren 3 Minuten weich dünsten. Das Lauchgemüse über die Lachsfilets geben, mit 1 EL frisch geriebenem Parmesan bestreuen und im Ofen 10–12 Minuten garen. Mit gehacktem Dill bestreuen und servieren.

Warmer Thai-Nudelsalat mit Bang Bang Shrimps

Für 4 Personen

100 g Thai-Reisnudeln
Saft und abgeriebene Schale
  von 1 Limette
1 EL Sesamöl
125 g Zuckerschoten
1 rote Chilischote,
  in dünnen Scheiben
2,5 cm Ingwer, geschält
  und grob gehackt
250 g große, geschälte Shrimps
4 EL feine Erdnussbutter
4 EL helle Sojasauce
150 ml kochendes Wasser
50 g getrocknete Ananas,
  grob gehackt

- Die Nudeln in eine hitzebeständige Schüssel geben, mit dem kochenden Wasser übergießen und nach Angaben des Herstellers quellen lassen. Abgießen und gut mit der Limettenzeste vermischen.

- Inzwischen das Öl in einer großen, schweren Pfanne erhitzen und Zuckerschoten, Chilischote und Ingwer 2 Minuten bei großer Hitze scharf andünsten. Die Shrimps dazugeben und noch 2 Minuten weiterdünsten. Erdnussbutter, Limettensaft und Sojasauce mit dem Wasser gut verquirlen und in die Pfanne gießen. Alle Zutaten gut durchmischen.

- Die abgetropften Nudeln und die Ananasstücke dazugeben und alle Zutaten vorsichtig mischen. Sofort in vorgewärmten Schalen servieren.

 Bang-Bang-Shrimps-Spieße Den Ofengrill vorheizen. Je 3 große, rohe, geschälte Garnelen auf insgesamt acht Metallspieße verteilen und 3 Minuten auf jeder Seite goldbraun grillen. Inzwischen je 4 EL cremige Erdnussbutter und helle Sojasauce mit dem Saft von 1 Limette verquirlen. Die Sauce auf kleine Servierschalen verteilen. 2 geschälte Karotten, 2 Selleriestangen und ½ Gemüsezwiebel in Stifte schneiden und mit der Sauce zu den Shrimps servieren.

 **Bang Bang Shrimps mit gebratenem Eierreis** Einen Topf mit Salzwasser zum Kochen bringen und 250 g Langkornreis 15 Minuten darin garen. Abgießen und in den Topf zurückgeben. 75 g gekochte Erbsen, 2 fein gehackte Frühlingszwiebeln, 75 g geröstete Erdnüsse, 1 verquirltes Ei und je 2 EL Sesamöl und helle Sojasauce dazugeben und bei mittlerer Hitze unter Rühren kochen, bis das Ei gestockt ist. Warm halten. 1 EL Sesamöl in einem Wok erhitzen und 125 g Zuckerschoten, 1 rote gehackte Chilischote in dünnen Ringen und 2,5 cm Ingwer, geschält und grob gehackt, 2 Minuten bei mittlerer Hitze darin dünsten. 250 g große, gekochte und geschälte Garnelen dazugeben und noch 2 Minuten weiterdünsten. Je 4 EL cremige Erdnussbutter und helle Sojasauce mit 150 ml kochendem Wasser mischen, dann mit 1 EL Stärkemehl verrühren. In die Pfanne geben und sämig rühren. Mit Eierreis servieren.

30 Knuspriges Schellfischgratin

Für 4 Personen

600 g Schellfischfilet ohne Haut
600 ml Milch
Lorbeerblatt
40 g Butter
40 g Weizenmehl
50 g Gruyère, gerieben
½ TL englisches Senfpulver,
   angerührt
Salat als Beilage

Für den Belag

100 g Semmelmehl
25 g Gruyère, fein gerieben
abgeriebene Schale von 1 Zitrone
2 EL gehackte glatte Petersilie

- Den Ofen auf 220 °C vorheizen. Den Fisch mit der Milch und einem Lorbeerblatt in einem Topf geben, aufkochen lassen und 3 Minuten weiter kochen. Den Fisch herausheben und auf vier Gratinförmchen verteilen, die Milch zurückbehalten.

- Die Butter in einem anderen Topf zerlassen, das Mehl dazugeben und bei mittlerer Hitze einige Sekunden unter Rühren erhitzen. Den Topf vom Herd nehmen und die kalte Milch nach und nach dazugeben, dabei jeweils gut verrühren. Den Topf auf den Herd zurückstellen und unter ständigem Rühren kochen, bis die Mehlschwitze abbindet. Den Topf vom Herd nehmen und den geriebenen Gruyère und den Senf einrühren.

- Die Sauce über den Fisch in die Gratinförnchen gießen. Die Zutaten für den Belag mischen und über die Förmchen streuen. Auf der obersten Ofenschiene 10 Minuten goldbraun überbacken. Grünen Salat dazuservieren.

---

1 Schellfisch-Ceviche

250 g sehr frischen Schellfisch ohne Haut so fein wie möglich hacken und in ein großes nichtmetallisches Gefäß geben. 1 TL Meersalz, ½ TL getrockneter Oregano und 75 ml Limettensaft darüber verteilen und zugedeckt 8 Minuten marinieren. Den Fisch abgießen und gut mit 3 gehackten Frühlingszwiebeln, 1 gehackten grünen Chilischote und 4 EL gehacktem Koriander mischen. Die Ceviche auf frisch getoasteten Baguettescheiben servieren.

2 Schellfischgratin mit Sahnesauce

Den Ofen auf 220 °C vorheizen. 600 g Schellfischfilet ohne Haut mit 100 ml Milch und 1 Lorbeerblatt zum Kochen bringen und 3 Minuten weiter kochen. Inzwischen 350 ml Käsesauce aus dem Glas oder Tetrapack (z. B. Quattro Formaggi) in einem separaten Topf erhitzen. Den Fisch abgießen, in eine große Gratinform geben und mit der Sauce begießen. 1 Packung Tortillachips mit Käsegeschmack und 2 EL gehackte Petersilie im Mixer zu einer krümeligen Konsistenz zerkleinern und über die Sauce streuen. Auf der obersten Ofenschiene 10 Minuten goldbraun überbacken.

Herzhafter Fischeintopf
mit Wein und Tomaten

Für 4 Personen

400 ml Tomatensauce
   aus dem Glas oder Tetrapack
   (z. B. Arrabiata oder mit Kräutern)
150 ml Weißwein
1 EL Olivenöl
400 g weiße Fischfilets ohne Haut,
   zerpflückt oder grob gewürfelt
175 grohe Garnelen , geschält
25 g gehackte glatte Petersilie
frisch gemahlener schwarzer Pfeffer

- Tomatensauce, Wein und Öl in einer großen, schweren Pfanne aufkochen lassen.

- Die Temperatur herunterschalten, Fisch und Garnelen dazugeben und 7 Minuten ziehen lassen, bis Fisch und Garnelen gar sind.

- Die Petersilie dazugeben, mit schwarzen Pfeffer würzen und auf vorgewärmten Tellern mit frischem Bauernbrot servieren.

 Herzhafter Lachs-Schinken-Eintopf

1 EL Olivenöl in einer großen, schweren Pfanne erhitzen und 6 grob gehackte Scheiben Frühstücksspeck darin bei großer Hitze unter häufigem Rühren etwa 3 Minuten braun braten. 800 ml Tomatensauce mit Paprika und Zwiebeln aus dem Glas oder Tetrapack und 150 ml Weißwein dazugießen und aufkochen lassen. Die Temperatur herunterschalten und 4 in grobe Würfel geschnittene Lachssteaks ohne Haut (à 150 g), 250 g Kirschtomaten und 3 EL frischem gehackten Rosmarin dazugeben und wieder aufkochen lassen, Temperatur herunterschalten und 15 Minuten gar ziehen lassen. Mit warmem Bauernbrot servieren.

 **Mediterraner Fisch-Gemüse-Eintopf**

1 EL Olivenöl in einer großen Pfanne erhitzen und 2 grob gehackte Zucchini, je 1 geputzte, grob gewürfelte gelbe und rote Paprika und 1 fein gehackte rote Zwiebel darin 8–10 Minuten dünsten, gelegentlich rühren. 500 g weiße Fischfilets ohne Haut, grob gewürfelt, 175 g gekochte, geschälte Garnelen, 800 ml Tomatensauce aus dem Glas oder Tetrapack und 300 ml Weißwein dazugeben und unter gelegentlichem, vorsichtigem Rühren 10 Minuten gar ziehen lassen. 100 g schwarze Oliven ohne Stein dazugeben und auf vorgewärmten Tellern mit 75 g Croutons aus der Packung servieren.

Garnelen-Brokkoli-Pfanne mit Zitrone

Für 4 Personen

200 g Langkornreis
250 g Brokkoli, geputzt,
   in 7 cm langen Stücken
3 EL Pflanzenöl
1 große rote Zwiebel, in Scheiben
1 Bd. Frühlingszwiebeln, geputzt
   und grob gehackt
250 g gekochte Garnelen, geschält
Saft und abgeriebene Schale
   von 1 Zitrone
3 EL helle Sojasauce
Salz

- Einen Topf mit Salzwasser zum Kochen bringen und den Reis darin 10 Minuten kochen. Brokkoli dazugeben und noch 5 Minuten weitergaren. Abgießen und warm halten.

- Inzwischen das Öl in einem Wok oder einer großen, schweren Pfanne erhitzen und die Zwiebel darin bei mittlerer Hitze 5 Minuten unter gelegentlichem Rühren glasig dünsten. Frühlingszwiebeln und Garnelen dazugeben und noch 4 Minuten weiterrühren.

- Zitronenzeste und Sojasauce in die Pfanne geben und gut umrühren, dann den Reis mit dem Brokkoli dazugeben und noch 1 Minute weiterrühren, bis alles erhitzt ist. Sofort servieren.

Nudeln mit Garnelen und Brokkoli Einen Topf mit Salzwasser zum Kochen bringen und 200 g Eiernudeln darin 3 Minuten kochen, abgießen. 250 g Brokkoli putzen und der Länge nach in drei Streifen schneiden. 3 EL Pflanzenöl in einem Wok erhitzen, den Brokkoli mit 1 Bund grob gehackten Frühlingszwiebeln, 250 g gekochten, geschälten Garnelen, und 2 gehackten Pak Choi bei mittlerer Hitze 4 Minuten dünsten. Saft und abgeriebene Schale von 1 Zitrone und 3 EL helle Sojasauce dazugeben, gut mischen. Zuletzt die Nudeln dazugeben und nochmals erhitzen.

Ingwerreis mit Ente, Garnelen und Brokkoli Einen Topf mit Salzwasser zum Kochen bringen und 200 g Langkornreis darin 10 Minuten kochen. Den Brokkoli dazugeben und mit dem Reis zusammen noch 5 Minuten gar kochen. Abgießen und warm halten. Inzwischen 2 EL Sonnenblumenöl in einem Wok oder einer großen, schweren Pfanne erhitzen und 1 dünne Scheibe Entenbrust ohne Haut (etwa 175 g) darin bei mittlerer Hitze 5 Minuten anbraten, dann herausheben. 1 große rote, in Scheiben geschnittene Zwiebel in die Pfanne geben und unter Rühren 5 Minuten glasig dünsten.1 Bund grob gehackte Frühlingszwiebeln und 250 g gekochte, geschälte Garnelen dazugeben und noch 4 Minuten dünsten. 3,5 cm Ingwer, geschält und gerieben, und 3 EL helle Sojasauce dazugeben, gut umrühren. Ente, Reis und Brokkoli in die Pfanne geben und 1 Minute erhitzen.

30 Jamaika-Lachs mit Mais und Okra

Für 4 Personen

4 Lachsfilets ohne Haut (à 175 g)
1 EL karibisches Jerk-Gewürz
  (oder eine Mischung aus Chilipulver,
  gemahlenem Kreuzkümmel,
  Cayennepfeffer und Salz)
4 Maiskolben, halbiert
3 EL Olivenöl
1 rote Zwiebel, in Scheiben
250 g Okraschoten, geputzt
50 g Butter
½ TL Paprikapulver
½ TL geriebene Muskatnuss
Salz

- Die Lachsfilets auf einer Seite mit dem karibischen Jerk-Gewürz einreiben und beiseitestellen.

- Einen Topf mit Salzwasser zum Kochen bringen und die Maiskolben darin 15 Minuten gar kochen.

- 2 EL des Öls in einer großen, schweren Pfanne erhitzen und die Zwiebel darin bei mittlerer Hitze 2 Minuten unter häufigem Rühren glasig dünsten. Okraschoten dazugeben, 4 Minuten unter Rühren weich dünsten. Die Maiskolben abgießen, mit Butter und Gewürzen in die Pfanne geben und 2–3 Minuten unter häufigem Rühren goldbraun braten.

- Inzwischen das restliche Öl in einer separaten Pfanne erhitzen und die Lachsfilets mit der Gewürzseite nach unten bei mittlerer Hitze auf jeder Seite 3–4 Minuten braten. Mit dem Mais und dem Okragemüse servieren.

---

1 Pikanter Salat mit warmem Jamaika-Lachs

4 Lachsfilets ohne Haut (à 175 g) auf einer Seite mit karibischem Jerk-Gewürz einreiben. 1 EL Olivenöl in einer großen Pfanne erhitzen und den Fisch mit der Gewürzseite nach unten bei mittlerer Hitze 3–4 Minuten braten, dann wenden und noch 2 Minuten braten. 150 g gemischte Salatblätter auf vier Teller verteilen. 200 g Mais aus der Dose, abgegossen, und ½ dünn geschnittene rote Zwiebel darüberverteilen. Den Lachs mit einer Gabel zerpflücken und auf dem Salat anrichten. Mit Limettenspalten servieren.

2 Schneller, pikanter Jamaika-Lachs

Das Rezept wie nebenstehend zubereiten, jedoch die Maiskolben mit 4 EL Wasser in ein mikrowellengeeignetes Gefäß geben und in der Mikrowelle 6 Minuten auf höchster Stufe garen.

Spaghetti mit Garnelen, Tomaten, Knoblauch und Basilikum

Für 4 Personen

500 g frische Spaghetti

2 EL Olivenöl

2 Knoblauchzehen, in Scheiben

400 g gehackte Tomaten
   aus der Dose

3 EL Tomatenmark

250 g große gekochte Garnelen,
   geschält

25 g Basilikum, grob gehackt

Salz und frisch gemahlener
   schwarzer Pfeffer

frisch geriebener Parmesan
   als Beilage (nach Wunsch)

- Einen Topf mit Salzwasser zum Kochen bringen und die Spaghetti darin 3 Minuten kochen, dann abgießen.

- Inzwischen das Öl in einer großen, schweren Pfanne erhitzen und die den Knoblauch darin unter Rühren einige Sekunden dünsten, dann Tomaten und Tomatenmark dazugeben und unter häufigem Rühren 5 Minuten garen, bis die Sauce leicht eingedickt ist.

- Garnelen und Basilikum dazugeben, gut rühren und 1–2 Minuten gut erhitzen. Mit reichlich frisch gemahlenem schwarzem Pfeffer würzen, die abgetropfte Pasta dazugeben und gründlich in der Sauce wenden.

- Auf vorgewärmten Tellern mit frisch geriebenem Parmesan bestreut servieren.

---

2 Pikante Pasta mit Tomaten, Knoblauch, Meeresfrüchten und Schinken

Einen Topf mit Salzwasser zum Kochen bringen und 500 g Spaghetti darin 3 Minuten kochen, dann abgießen und in den Topf zurückgeben. 2 EL Olivenöl in einer großen, schweren Pfanne erhitzen und 1 fein gehackte rote Chilischote und 2 dünn geschnittene Knoblauchzehen darin bei mittlerer Hitze unter häufigem Rühren 2 Minuten dünsten. 8 grob gehackte Scheiben Frühstücksspeck dazugeben und noch 2 Minuten weiterrühren. 200 g abgetropfte, geputze kleine Jakobsmuscheln und 200 g große, gekochte und geschälte Garnelen in die Pfanne geben und bei großer Hitze 3–4 Minuten scharf anbraten. 800 g gehackte Tomaten aus der Dose und 3 EL Tomatenmark dazugeben und noch 5 Minuten unter gelegentlichem Rühren kochen, bis die Sauce leicht angedickt ist. 25 g gehackte glatte Petersilie und die Pasta dazugeben, gut vermischen und sofort servieren.

3 Garnelen-Tomaten-Auflauf mit Knoblauch

Den Ofen auf 220 ºC vorheizen. 500 g frische Penne kochen und abgießen. Inzwischen 2 EL Olivenöl in einer schweren Pfanne erhitzen und 2 dünn geschnittene Knoblauchzehen darin bei mittlerer Hitze 2 Minuten dünsten. 6 EL Tomatenmark und 800 g gehackte Tomaten aus der Dose dazugeben, aufkochen und 10 Minuten ziehen lassen, bis die Sauce um ein Viertel reduziert ist. 4 EL gehacktes Basilikum und die eingekochte Sauce dazugeben und alles in eine Gratinform geben. Mit 100 g geriebenem Gruyère bestreuen und im Ofen 5 Minuten goldbraun überbacken.

Gebratener Kabeljau und Bratkartoffeln mit Zitronen-Dill-Mayonnaise

Für 4 Personen

4 EL Pflanzenöl

4 Backkartoffeln, geschält und grob gewürfelt

1 EL Olivenöl

4 Kabeljaufilets, (à 150 g)

Saft und abgeriebene Schale von 1 Zitrone

4 EL gehackter Dill

6 EL Mayonnaise

Salz und frisch gemahlener schwarzer Pfeffer

- Das Öl in einer großen, schweren Pfanne erhitzen und die Kartoffeln darin bei mittlerer Hitze 7–10 Minuten unter Rühren knusprig braten.

- Inzwischen das Olivenöl in einer separaten Pfanne erhitzen und den Fisch darin bei großer Hitze 3–5 Minuten goldbraun braten, dabei einmal wenden. Mit dem Zitronensaft beträufeln und mit Salz und frisch gemahlenem schwarzem Pfeffer würzen.

- Die Mayonnaise mit der Zitronenzeste und der Hälfte des Dills verrühren und zu dem Fisch servieren. Den Fisch mit dem restlichen Dill bestreuen.

 Gebratener Kabeljau mit Schinken und Süßkartoffeln 3 EL Pflanzenöl in einer großen Pfanne erhitzen und 4 geschälte, gewürfelte Süßkartoffeln darin bei mittlerer Hitze unter häufigem Rühren 8–10 Minuten goldbraun braten. Warm halten. Inzwischen 4 Kabeljaufilets (à 150 g) mit 1 Scheibe Prosciutto (italienischer Schinken) umwickeln. 1 EL Pflanzenöl in einer separaten Pfanne erhitzen und den Fisch darin bei mittlerer Hitze 8–10 Minuten goldbraun braten, gelegentlich wenden. 6 EL Mayonnaise mit der abgeriebenen Schale von ½ Zitrone und 3 EL gehackter glatter Petersilie verrühren und zum Fisch servieren.

 **Gebackener Kabeljau im Schinkenmantel mit Ofenkartoffeln** Den Ofen auf 220 ºC vorheizen. 4 geschälte Backkartoffeln in grobe Spalten zerteilen, in 2 EL Pflanzenöl wenden und auf ein tiefes Backblech verteilen. 20 Minuten im Ofen goldbraun backen. Inzwischen 4 Kabeljaufilets (à 150 g) mit 1 Scheibe Frühstücksschinken umwickeln und jeweils 2–3 Basilikumblätter dazwischen stecken. Den Fisch auf ein tiefes Backblech legen und gut würzen. Für 15 Minuten zu den Süßkartoffeln in den Ofen stellen, bis der Fisch gut durchgegart ist. Mit gehackter glatter Petersilie bestreut servieren.

Spaghetti mit Meeresfrüchten, Knoblauch und Tomaten

Für 4 Personen

250 g Spaghetti

3 EL Olivenöl

2 Knoblauchzehen, in Scheiben

3 Schalotten, in feinen Scheiben

1 Selleriestange, dünnen Scheiben

4 Tomaten, grob gehackt

400 g gehackte Tomaten
  aus der Dose

150 ml Weißwein

1 EL gehackter frischerThymian

3 EL gehackte glatte Petersilie

250 g große gekochte Garnelen,
  geschält

240 g TK-Meeresfrüchte, aufgetaut

Salz

warmes Bauernbrot als Beilage

• Einen Topf mit Salzwasser zum Kochen bringen und die Spaghetti darin 8–10 Minuten bissfest kochen. Abgießen und warm stellen.

• Inzwischen das Öl in einer großen, schweren Pfanne erhitzen Knoblauch, Schalotten und Sellerie darin bei mittlerer Hitze unter gelegentlichem Rühren 3–4 Minuten weich dünsten. Die frischen Tomaten dazugeben, Temperatur hochschalten und 2–3 Minuten kochen, gelegentlich umrühren.

• Tomaten und Wein dazugeben, aufkochen lassen und die Temperatur herunterschalten. 8–10 Minuten schwach kochen lassen, bis die Sauce um ein Drittel reduziert ist. Kräuter, Garnelen und Meeresfrüchte dazugeben und nochmals 3–4 Minuten gar ziehen lassen. Spaghetti dazugeben und alles gut durchmischen.

• Auf vorgewärmten Tellern anrichten und warmes Bauernbrot dazuservieren.

 Schneller Meeresfrüchte-Eintopf 25 g Butter und 1 Tropfen Woköl in einem Wok mit Deckel erhitzen und 250 g große, gekochte und geschälte Garnelen und 250 g tiefgekühlte, aufgetaute Meeresfrüchte bei großer Hitze gar dünsten. 125 ml Weißwein angießen, Deckel schließen, den Wok gut rütteln und 3 Minuten weiterdünsten. 4 EL Sherry dazugeben und zugedeckt weitere 3 Minuten kochen, dabei den Wok gelegentlich rütteln. Den Eintopf mit gehackter glatter Petersilie bestreuen, mit Bauernbrot servieren.

 **Paella mit Meeresfrüchten** 25 g Butter in einer großen Pfanne mit Antihaftbeschichtung erhitzen und 1 fein gehackte Zwiebel, 1 Prise Safranfäden, 2 geputzte und gewürfelte rote Paprika und 2 gehackte Tomaten bei mittlerer Hitze unter häufigem Rühren 3–4 Minuten gar dünsten. 250 g Langkornreis, 250 g große rohe, geschälte Garnelen, 240 g tiefgekühlte, aufgetaute Meeresfrüchte und 2 EL Weißwein dazugeben und 3 Minuten ziehen lassen. 150 ml Gemüsebrühe dazugeben und noch 5–6 Minuten ziehen lassen, bis die Meeresfrüchte und der Reis gar sind. 3 EL gehackte glatte Petersilie unterrühren und sofort servieren. Mit Petersilienzweigen und Zitronenspalten garnieren.

.

Thunfisch-Käse-Frikadellen mit Mais

Für 4 Personen

300 g zubereitetes Kartoffelpüree,
   frisch oder aus der Packung
½ TL frisch gemahlener
   schwarzer Pfeffer
50 g Cheddar, fein gerieben
200 g Thunfisch in Öl aus der Dose,
   abgegossen und zerpflückt
100 g Mais
3 EL gehackte glatte Petersilie
200 g frisches Vollkornsemmelmehl
1 Ei
Pflanzenöl zum Frittieren

Als Beilage
Sauce Hollandaise aus dem Glas
   oder Tetrapack
Rucola mit Zitronensaftdressing

• Das Kartoffelpüree mit Pfeffer und geriebenem Cheddar glatt rühren. Thunfisch, Mais und Petersilie dazugeben und gut mischen. Zu 8 Frikadellen formen.

• Semmelmehl auf einen Teller geben. Das Ei verquirlen und in einen tiefen Teller geben. Die Frikadellen je zuerst in das Ei tauchen, den Überschuss leicht abpinseln, dann in das Semmelmehl tauchen.

• 6–8 EL Pflanzenöl in einer großen, schweren Pfanne erhitzen und die Fischfrikadellen in zwei Portionen bei mittlerer Hitze je 4–5 Minuten goldbraun braten, dabei einmal wenden. Mit einer Schaumkelle herausheben und auf Küchenpapier abtropfen lassen.

• Die Fischfrikadellen heiß zu Sauce Hollandaise servieren. Nach Wunsch Rucola mit Zitronensaftdressing dazureichen.

 Thunfisch und Mais mit Käse überbacken

Den Ofengrill vorheizen. 200 g Thunfisch in Öl aus der Dose, abgegossen und zerpflückt, 100 g Mais und 2 EL Mayonnaise gut verrühren. 1 Ciabatta in vier Teile schneiden und mit der Thunfischpaste bestreichen. 25 g Cheddar darüberreiben und für 2 Minuten im Ofen goldbraun überbacken. Heiß mit grünem Salat servieren.

 **Pasta mit Thunfisch, Mais und Sahnesauce**

Einen Topf mit Salzwasser zum Kochen bringen und 250 g Fusilli darin 10–12 Minuten bissfest kochen. Abgießen und warm stellen. 25 g Butter in einem Topf zerlassen, das Mehl dazugeben und bei mittlerer Hitze einige Sekunden unter Rühren erhitzen. Den Topf vom Herd nehmen und 300 ml kalte Milch nach und nach dazugeben, dabei jeweils gut verrühren. 50 g geriebenen Cheddar dazugeben, den Topf auf den Herd zurückstellen und unter ständigem Rühren kochen, bis die Mehlschwitze abbindet. 200 g Thunfisch in Öl aus der Dose, abgegossen und zerpflückt, 100 g Mais und 3 EL gehackte glatte Petersilie in die Sauce rühren. Die Pasta dazugeben, alles gut vermischen und sofort servieren.

Scharfe Cajun-Frittata mit Lachs und Paprika

Für 4 Personen

1 EL Olivenöl

1 rote Paprika, halbiert
   und grob gewürfelt

1 grüne Paprika, halbiert
   und grob gewürfelt

1 kleine Zwiebel, in Scheiben

1 kleine rote Chilischote, fein gehackt

6 EL gehackter frischer Koriander

250 g Lachsfilets ohne Haut

2,5 cm Ingwer, geschält und
   grob gehackt

2 TL Cajun-Gewürzmischung

6 Eier

frisch gemahlener schwarzer Pfeffer

Koriander zum Garnieren

Salat als Beilage

- Den Ofengrill vorheizen. Das Öl in einer Pfanne (23 cm Ø) mit Antihaftbeschichtung erhitzen. Paprika, Zwiebel und Chili bei mittlerer Hitze unter häufigem Rühren 3–4 Minuten weich dünsten. Den Koriander darunterrühren, dann in die Mitte der Pfanne eine Vertiefung bilden, die Lachsfilets hineinlegen und 3–4 Minuten auf jeder Seite braten, bis sie fast gar sind.

- Den Fisch in der Pfanne mit der Gabel sehr grob zerpflücken, Ingwer und Gewürze dazugeben und alles vorsichtig durchmischen. Die Eier verquirlen, mit frisch gemahlenem schwarzem Pfeffer würzen und zu Lachs und Gemüse in die Pfanne gießen. 3–4 Minuten garen, bis der Boden der Frittata fest geworden ist

- Die Pfanne unter den Grill setzen, darauf achten, dass der Griff von der Wärmequelle weg weist. 4–5 Minuten grillen, bis die Frittata oben goldbraun ist. In Tortenstücke schneiden und servieren, nach Wunsch gemischten Salat dazureichen.

Einfacher Cajun-Lachs

½ TL Ingwerpaste mit 2 TL Cajun-Gewürz verrühren und 4 Lachsfilets ohne Haut (à 250 g) damit einreiben. 3 ELOlivenöl in einer großen, schweren Pfanne erhitzen und den Lachs darin bei mittlerer Hitze 9 Minuten goldbraun braten, dabei einmal wenden. Mit frischem Bauernbrot und grünem Salat servieren.

Cajun-Lachs-Frikadellen

1 EL Olivenöl in einer großen, schweren Pfanne erhitzen und 1 gewürfelte rote Paprika, 1 kleine gehackte Zwiebel und 250 g Lachsfilet ohne Haut darin 9 Minuten goldbraun braten, dabei einmal wenden. Den Lachs in der Pfanne zerpflücken, alles in eine Schüssel geben. 250 g Instant-Kartoffelpüree-flocken nach Packungsangabe zubereiten. 2 TL Cajun-Gewürz, 2,5 cm Ingwer, geschält und ge-rieben, 6 EL gehackten Koriander und 1 verquirltes Ei dazugeben und alles gut mischen. Zu 8 großen Frikadellen formen. 3 EL Olivenöl in der Pfanne erhitzen und bei mittlerer Hitze 5 Minuten von jeder Seite goldbraun braten. Mit Backofen-Pommes-frites und Salat servieren.

Tagliatelle mit Garnelen, Parmesan und frischem Spinat

Für 4 Personen

250 g Tagliatelle
2 EL Olivenöl
1 rote Zwiebel, in dünnen Scheiben
1 Bd. Frühlingszwiebeln,
   geputzt, in Scheiben
1 Knoblauchzehe, in Scheiben
300 g rohe Garnelen, geschält
200 g Blattspinat
400 g Mascarpone
50 g Parmesan, frisch gerieben
Salz und frisch gemahlener
   schwarzer Pfeffer
warmes, knuspriges Vollkornbrot
   als Beilage (nach Wunsch)

- Einen Topf mit Salzwasser zum Kochen bringen und die Tagliatelle darin 8–10 Minuten bissfest kochen. Abgießen und warm stellen.

- Inzwischen das Öl in einer großen, schweren Pfanne erhitzen und die Zwiebel darin bei mittlerer Hitze 5 Minuten unter gelegentlichem Rühren glasig dünsten. Frühlingszwiebeln und Knoblauch dazugeben und 2 Minuten weiterrühren. Die Garnelen in die Pfanne geben und bei großer Hitze 2 Minuten scharf anbraten, den Spinat dazugeben und unter häufigem Rühren 1–2 Minuten kochen, bis er zusammengefallen ist.

- Den Mascarpone in die Pfanne geben und rühren, bis er geschmolzen ist, mit viel frisch gemahlenem schwarzem Pfeffer würzen und den Parmesan und die Pasta dazugeben. Nochmals 1–2 Minuten unter Rühren durchmischen und heiß servieren.

- Nach Wunsch warmes, knuspriges Vollkornbrot dazureichen.

---

1 **Garnelen-Nudel-Pfanne** 200 g Eiernudeln kochen, abgießen. Inzwischen 2 EL Erdnussöl in einem Wok erhitzen und 1 gehackte rote Chilischote und 2 gehackte Knoblauchzehen 1 Minute lang bei großer Hitze scharf andünsten. 500 g gekochte, geschälte Garnelen dazugeben und 3 Minuten unter häufigem Rühren weiterdünsten. 300 g TK-Wokgemüse, je 2 EL helle Sojasauce und süße Chilisauce und die Pasta dazugeben. Heiß servieren.

2 **Garnelen mit Chili, Spinat und Käse** Den Ofengrill vorheizen. 500 g rohe, geschälte Garnelen mit dem Saft von 2 Limetten und 1 Spritzer Tabasco in eine nichtmetallische Schüssel geben und zugedeckt 10 Minuten marinieren. Inzwischen 2 EL Olivenöl in einer großen, schweren Pfanne erhitzen und 2 dünn geschnittene rote Zwiebeln und 2 zerdrückte Knoblauchzehen bei mittlerer Hitze unter häufigem Rühren 3 Minuten dünsten. 1 TL Chiliflocken dazugeben und 2 Minuten weiterrühren. Alles in eine große Gratinform geben. 400 g Spinat aus der Dose oder dem Glas (aus dem Asia- oder Bioladen) darüberverteilen. Die Garnelen abgießen und auf den Spinat legen. Gut würzen, mit 200 g Sahne übergießen und mit je 125 g geriebenem Mozzarella und frisch geriebenem Parmesan bestreuen. 10 Minuten im Ofen überbacken und mit gehacktem Koriander bestreut servieren. Frisches Baguette dazureichen.

Gebackener Räucherschellfisch mit Kartoffelpüree und pochierten Eiern

Für 4 Personen

750 g Kartoffeln, geschält
und grob gehackt
5 EL Milch
50 g Butter
4 EL gehackte glatte Petersilie
4 geräucherte Schellfischfilets
(à 250 g)
4–5 Tropfen Zitronensaft
oder Malzessig
4 Eier
200 ml Sauce Hollandaise
aus dem Glas oder Tetrapack
Salz und frisch gemahlener
schwarzer Pfeffer

- Den Ofen auf 200 ºC vorheizen. Einen Topf mit Salzwasser zum Kochen bringen und die Kartoffeln darin 20 Minuten gar kochen. Abgießen, in den Topf zurückgeben und mit Milch und Butter zu Püree zerstampfen. Mit frisch gemahlenem schwarzem Pfeffer und Petersilie würzen.

- Den Fisch auf ein tiefes Backblech setzen und 15 Minuten im vorgeheizten Ofen garen.

- Einen Topf halb mit Wasser füllen und aufkochen lassen, dann Zitronensaft und Essig dazugeben. Das Wasser umrühren, 1 Ei in den Strudel schlagen und 1–2 Minuten pochieren, bis das Eiweiß fest geworden und das Eigelb die gewünschte Festigkeit hat. Mit einer Schaumkelle herausheben und warm halten, während die restlichen Eier pochiert werden.

- Das Kartoffelpüree auf vier vorgewärmte Teller verteilen und je 1 Fischfilet und 1 pochiertes Ei daraufsetzen. Sauce Hollandaise darübergeben (auf Wunsch), mit schwarzem Pfeffer bestreuen und servieren.

 Muffins mit Räucherlachs

und Ei 4 Eier wie oben beschrieben pochieren. Inzwischen 4 English Muffins aufschneiden und toasten. Auf Tellern anrichten und 250 g Räucherlachs darauf verteilen. Auf jeden Muffin 1 pochiertes Ei setzen und 200 ml Sauce Hollandaise aus dem Glas oder Tetrapack daraufverteilen. Mit gehackter glatter Petersilie bestreut servieren.

 **Kedgeree mit geräuchertem**

Schellfisch 150 g Basmatireis 15 Minuten in einem Topf mit Salzwasser kochen und abgießen. In der Zwischenzeit 4 Eier in einem separaten Topf mit Wasser 6 Minuten lang hart kochen, abgießen und unter fließend kaltem Wasser abschrecken. 250 g geräucherten Schellfisch in einen mikrowellengeeigneten Behälter geben und mit Deckel in der Mikrowelle 2–3 Minuten auf höchster Stufe

garen. Den Schellfisch häuten, entgräten und zerpflücken. 15 g Butter in einem Topf zerlassen und ½ fein gehackte Zwiebel darin bei niedriger Hitze 3 Minuten glasig dünsten. 2 TL milde Currypaste dazugeben und noch 1–2 Minuten weiterrühren. Reis und Fisch dazugeben, gut mischen, würzen und bei mittlerer Hitze 2 Minuten weiterrühren. 4 EL gehackte glatte Petersilie und den Saft von ½ Zitrone dazugeben, mit den gepellten und geviertelten Eiern garniert servieren.

Kabeljaupfanne mit Schinken und Kirschtomaten

Für 4 Personen

2 EL Olivenöl

1 Bd. Frühlingszwiebeln,
   geputzt und grob gehackt

1 Knoblauchzehe in dünnen Scheiben

175 g durchwachsener Speck ohne
   Rinde, in groben Würfeln

250 g Kirschtomaten, halbiert

400 g Filet vom Kabeljau, Schellfisch
   oder Seelachs ohne Haut,
   grob gewürfelt

abgeriebene Schale von 1 Zitrone

2 große Handvoll frischer Spinat

150 g Feta

warmes Bauernbrot als Beilage

- Das Öl in einer großen, schweren Pfanne erhitzen und Frühlingszwiebeln, Knoblauch und Speck darin bei großer Hitze unter häufigem Rühren 2–3 Minuten dünsten, bis die Zwiebel glasig und der Speck knusprig sind. Tomaten und Fisch dazugeben, die Temperatur herunterschalten und 3–4 Minuten unter vorsichtigem Rühren garen.

- Zitronenschale und Spinatblätter darüberstreuen, Deckel auflegen und 1–2 Minuten kochen, bis der Spinat zusammengefallen ist. Dann alles vorsichtig nochmals durchmischen und mit zerbröseltem Feta bestreuen.

- Auf vorgewärmten Tellern mit warmem Bauernbrot servieren.

Kabeljaugratin mit Tomaten und Schinken Den Ofen auf 220 °C vorheizen. 15 g Butter und 1 EL Olivenöl in einer Pfanne erhitzen und 1 Bund gehackte Frühlingszwiebeln und 6 grob gehackte Scheiben durchwachsener Speck ohne Schwarte bei großer Hitze 2 Minuten scharf anbraten. 400 g grob gewürfeltes Kabeljaufilet ohne Haut dazugeben und 2 Minuten vorsichtig weiterrühren. In eine Gratinform geben. Mit 4 EL Semmelmehl, 2 EL geriebenem Cheddar und 1 EL gehackter glatter Petersilie bestreuen, 1 Handvoll halbierter Kirschtomaten darüberverteilen. 2 Minuten goldbraun überbacken, mit Baguette servieren.

Auflauf mit geräuchertem Kabeljau und Tomaten Den Ofen auf 180 °C vorheizen. 1 EL Olivenöl in einer großen, schweren Pfanne erhitzen und 4 geputzte, grob gehackte Lauchstangen, 1 gehackte Knoblauchzehe und 175 g grob gehackte Scheiben durchwachsener Speck ohne Schwarte bei großer Hitze unter häufigem Rühren 3 Minuten dünsten. Mit 400 g grob gewürfeltem geräuchertem Kabeljau ohne Haut und 4 Fleischtomaten in Scheiben mischen. In eine Gratinform geben, mit Pfeffer würzen. 4 Scheiben Weißbrot toasten, dann im Mixer zu Semmelmehl verarbeiten. Das Semmelmehl in einer kleinen Schüssel mit 3 EL geriebenem Cheddar und 1 EL gehackter Petersilie mischen und über den Auflauf streuen. 25 Minuten im Ofen backen und mit warmem Bauernbrot servieren.

.

Scharfe Honig-Lachs-Spieße mit Reis

Für 4 Personen

4 EL süße Chilisauce

4 EL flüssiger Honig

4 EL gehackter frischer Koriander

2 Frühlingszwiebeln, in dünnen
  Scheiben

1 EL Sesamöl

500 g Lachsfilet ohne Haut,
  grob gewürfelt

Salz und frisch gemahlener
  schwarzer Pfeffer

Für den Reis

250 g Basmatireis

2 EL Sesamöl

1 rote Zwiebel, in dünnen Scheiben

6 Frühlingszwiebeln, grob gehackt

175 g Zuckerschoten, grob gehackt

4 EL gehackter Koriander

- Einen Topf mit Salzwasser zum Kochen bringen und den Reis darin 15 Minuten kochen. Abgießen und warm stellen.

- Den Grill auf 220 °C vorheizen. Inzwischen Chilisauce, Honig, Koriander, Frühlingszwiebeln und Öl in einer großen Schüssel mischen. Den Lachs dazugeben und gut darin wenden. Mit frisch gemahlenem schwarzem Pfeffer abschmecken.

- Den Lachs auf acht Metallspießen verteilen und auf einen mit Alufolie abgedeckten Grillrost legen. 7–8 Minuten grillen, dabei gelegentlich drehen, bis der Fisch gar und leicht angebräunt ist.

- Inzwischen das Öl in einer großen, schweren Pfanne erhitzen und die rote Zwiebel darin bei großer Hitze 3 Minuten glasig dünsten. Frühlingszwiebeln und Zuckerschoten dazugeben und nochmals 2 Minuten dünsten, bis sie beginnen, weich zu werden. Den Reis dazugeben und alles für 2 Minuten gut rühren, dann den Koriander darunter mischen. Die Lachsspieße auf dem Reis angerichtet auf vorgewärmten Tellern servieren.

 Lachs in Honigsenf-sauce mit Zucchini-gemüse Den Ofengrill vorheizen. Je 1 EL körnigen Senf und helle Sojasauce, den Saft von 1 Zitrone und 1 TL flüssigen Honig in einer Schüssel gut verrühren. 4 Lachsfilets auf einen mit Alufolie abgedeckten Grillrost legen, mit der Honig-mischung bestreichen und 8 Minuten goldbraun grillen. Mit gedämpftem Zucchinigemüse und Zitronenspalten servieren.

 Gebratener Lachs mit Honig und Koriander-nudeln Einen Topf mit leicht gesalzenem Wasser zum Kochen bringen und 200 g Eiernudeln darin 4 Minuten bissfest kochen. Abgießen, unter fließendem kalten Wasser abschrecken und wieder abgießen. Die kalten Nudeln mit je 4 EL gehacktem Koriander, Minze und Basilikum sowie 2 geraspelten Zucchini mischen. 2 EL helle Sojasauce und 1 EL Limettensaft dazugeben und gut durchmischen. 500 g Lachsfilet ohne Haut in 1,5 cm breite Streifen schneiden und in 2 EL flüssigem Honig und schwarzem Pfeffer wenden. Eine große Pfanne mit Antihaftbeschichtung erhitzen und den Lachs darin 2 Minuten auf jeder Seite goldbraun braten. Die Nudeln auf Teller verteilen und den Lachs darauf anrichten.

30 Risotto mit Kabeljau, schwarzen Oliven und Tomaten

Für 4 Personen

4 Stück Kabeljau (à 175 g)
2 EL Olivenöl
1 rote Zwiebel, fein gehackt
100 g schwarze Oliven ohne Stein, grob gehackt
100 g getrocknete Tomaten, grob gehackt
250 g Risottoreis
900 ml kräftige Hühnerbrühe
50 g Parmesan, frisch gerieben
50 g Basilikum, grob gehackt
frisch gemahlener schwarzer Pfeffer

- Den Ofen auf 200 °C vorheizen. Den Kabeljau auf ein tiefes Backblech setzen, mit 1 EL Öl beträufeln und mit frisch gemahlenem schwarzen Pfeffer würzen

- Das restliche Öl in einer großen, schweren Pfanne erhitzen und die Zwiebel darin bei mittlerer Hitze 3–4 Minuten unter Rühren glasig dünsten. Oliven und Tomaten dazugeben und 1 weitere Minute rühren. Den Reis und die Hälfte der Brühe dazugeben und aufkochen lassen. Die Temperatur herunterschalten und 5–6 Minuten kochen, bis die Flüssigkeit fast völlig reduziert ist. Dabei gelegentlich umrühren.

- Den Fisch 15 Minuten im Ofen garen. Inzwischen die restliche Brühe zu dem Reis geben und weiter ziehen lassen, gelegentlich umrühren, bis die Flüssigkeit fast völlig reduziert und der Reis gar ist. Vom Herd nehmen und Parmesan und Basilikum dazugeben, gut durchmischen und mit schwarzem Pfeffer würzen.

- Das Risotto auf vorgewärmten Tellern mit dem Fisch anrichten.

 Kabeljaufilets mit Parmesan und Avocado-Kresse-Salat 4 EL Weizenmehl mit Salz und frisch gemahlenem schwarzem Pfeffer würzen und auf einen Teller geben. 4 Kabeljaufilets (à 150 g) darin wenden, dann in 2 verquirlte Eier tauchen und zuletzt sorgfältig in 75 g fein geriebenem Parmesan wenden. 1 EL Olivenöl in einer großen, schweren Pfanne erhitzen und den Fisch darin bei hoher Hitze je nach Dicke etwa 2 Minuten auf jeder Seite goldbraun braten. Inzwischen 2 entsteinte, geschälte reife Avocados in Scheiben, 1 Packung Brunnenkresse, gehackt, 2 EL Olivenöl extra vergine und den Saft von 1 Zitrone gut mischen und zu dem Bratfisch servieren.

 Kabeljau mit getrockneten Tomaten, Basilikum und Mozzarella Den Ofen auf 220 °C vorheizen. 4 Kabeljaufilets (à 175 g) auf ein geöltes tiefes Backblech setzen. Mit Olivenöl beträufeln und mit Salz und frisch gemahlenem schwarzem Pfeffer würzen. 100 g grob gehackte, getrocknete Tomaten, 50 g gehacktes Basilikum und 150 g Mozzarella-kugel in dünnen Scheiben darüber-verteilen. Mit 50 g geriebenem Parmesan bestreuen, mit etwas Olivenöl beträufeln und auf der obersten Ofenschiene 15 Minuten goldbraun backen.

QuickFamily
Schnell
und
vegetarisch

Rezepte nach Zubereitungszeit

30

20

Thailändisches Gemüsecurry

Für 4 Personen

500 g Butternut-Kürbis, geschält,
    geputzt und in Würfel geschnitten
2 rote Paprika, halbiert, geputzt
    und in Würfel geschnitten
200 g Mini-Maiskolben, halbiert
250 g Blumenkohl, in Röschen
2 EL grüne Thai-Currypaste
800 ml Kokosmilch aus der Dose
150 ml Gemüsebrühe
200 g Zuckerschoten
1 EL Speisestärke
4 EL gehackter frischer Koriander
gekochter Thai-Jasminreis
    als Beilage

• Kürbis, rote Paprika, Mais und Blumenkohl mit Currypaste und Brühe in einem schweren Topf zusammen aufkochen lassen. Die Temperatur herunterschalten und das Gemüse zugedeckt 15 Minuten gar ziehen lassen. Die Zuckerschoten 5 Minuten vor Ende der Garzeit dazugeben.

• 2 EL kaltes Wasser und Speisestärke verquirlen, zu dem Curry geben und unter ständigem Rühren kochen, bis die Sauce abgebunden hat. Dann den Koriander unterrühren und nach Geschmack mit Thai-Jasminreis servieren.

---

1 **Thailändische Currysuppe mit Mais und Blumenkohl** 250 g Blumenkohl in Röschen brechen und mit 800 ml Kokosmilch, 2 EL grüner Thai-Currypaste, 150 ml Gemüsebrühe und 200 g halbierten Mini-Maiskolben in einem großen, schweren Topf aufkochen lassen. Unter häufigem Rühren bei großer Hitze 9 Minuten kochen. Vor dem Servieren 4 EL gehackten Koriander unterrühren.

3 **Malaiisches Gemüsecurry** 3 Knoblauchzehen, 2 rote Chilischoten, 2 Zitronengrasstängel, 3,5 cm Ingwer, gerieben, und 3 gehackte Schalotten mit 3 EL Erdnussöl, 1 EL Palmzucker und je 1 TL Kurkuma und Zimtpulver im Mixer fein pürieren. 500 g geschälten, grob gewürfelten Butternut-Kürbis, 2 grob gehackte rote Paprika, 200 g halbierte Mini-Maiskolben und 250 g Blumenkohl in Röschen in einen großen, schweren Topf geben. Das

Currypüree mit 2 Sternanis, 2 Kaffirlimettenblättern, 800 ml Kokosmilch und 150 ml Gemüsebrühe in den Topf geben und alles zusammen aufkochen. Die Temperatur reduzieren, Deckel auflegen und das Gemüse 15 Minuten gar ziehen lassen. 5 Minuten vor Ende der Kochzeit 200 g Zuckerschoten zugeben. 2 El kaltes Wasser und 1 EL Speisestärke verquirlen, zu dem Curry geben und unter ständigem Rühren kochen, bis die Sauce abgebunden hat. 4 EL Koriander unterrühren und nach Geschmack mit Thai-Jasminreis servieren.

Scharfe Bohnenburger mit Tomatensalsa

Für 4 Personen

400 g Kidneybohnen aus der Dose
4 EL gehackter frischer Koriander
1 rote Chilischote, fein gehackt
1 EL Paprikapulver
½ TL gemahlener Kreuzkümmel
½ TL gemahlener Koriander
3 Frühlingszwiebeln, gehackt
1 Eigelb
100 g Semmelmehl
Pflanzenöl zum Frittieren

Für die Salsa
2 Tomaten, fein gehackt
1 EL Olivenöl
2 EL gehackter frischer Koriander
2 Frühlingszwiebeln, grob gehackt
frisch gemahlener schwarzer Pfeffer

Als Beilage
4 weiche Vollkornbrötchen
frischer Rucola

- Die Kidneybohnen abgießen und mit einer Gabel zu einem groben Püree zerdrücken. Den Koriander, die Hälfte der gehackten Chilischote, die gemahlenen Gewürze, die Frühlingszwiebeln, das Eigelb und das Semmelmehl gut miteinander mischen und zu vier Frikadellen formen.

- 3–4 EL Pflanzenöl in einer großen, schweren Pfanne erhitzen und die Frikadellen bei mittlerer Hitze 2–3 Minuten auf jeder Seite goldbraun braten. Warm halten.

- Für die Salsa die Tomaten, das Olivenöl, den Koriander, die restliche Chili und die Frühlingszwiebeln in einer Schüssel gut mischen und mit frisch gemahlenem schwarzem Pfeffer würzen.

- Frikadellen jeweils zwischen zwei Brötchenhälften legen, mit etwas Rucola und der Tomatensalsa servieren.

 **Schnelle Bohnennudelsuppe**

400 g Bohnen nach Geschmack aus der Dose, abgegossen, 300 ml Tomatensauce aus dem Glas oder Tetrapack und 750 ml heiße Gemüsebrühe in einen großen Topf geben und aufkochen lassen. 100 g Mini-Pasta (Form nach Wunsch) dazugeben und nach Packungsangabe kochen. Mit warmen Brötchen servieren.

 **Tortilla-Schichttorte mit Käse und Bohnen** Den Ofen auf 180 °C vorheizen. 1 TL Olivenöl in einem großen Topf erhitzen und 1 gehackte Zwiebel darin bei mittlerer Hitze unter häufigem Rühren 3 Minuten glasig dünsten. ½ TL Chilipulver und 400 g gehackte Tomaten mit Kräutern aus der Dose dazugeben und bei großer Hitze 5 Minuten kochen, bis die Sauce leicht abgebunden hat. 200 g TK-Mischgemüse dazugeben und noch 3 Minuten kochen, dann 400 g Kidneybohnen aus der Dose, abgegossen, dazugeben. 1 Weizentortilla auf einen hitzefesten Teller legen, mit etwas Sauce bestreichen und mit 1 Handvoll geriebenem Cheddar bestreuen. Noch viermal wiederholen, mit dem geriebenen Käse enden. Im Ofen 10 Minuten grillen, bis der Käse geschmolzen ist. In Tortenstücke schneiden und mit Sauerrahm und gehackten Frühlingszwiebeln servieren.

Pasta mit Röstgemüse in Knoblauch-Kräuter-Sauce

Für 4 Personen

2 Zucchini, geputzt, in Würfeln
1 Aubergine, geputzt, in Würfeln
1 große rote Zwiebel, grob gehackt
4 EL Olivenöl
1 große Zwiebel, gehackt
2 Knoblauchzehen, fein gehackt
500 g Tomaten, grob gehackt
3 EL Tomatenmark
4 EL gehackte glatte Petersilie
1 EL gehackter frischer Rosmarin
250 g Fusilli
Salz
warmes Bauernbrot
   als Beilage (nach Wunsch)

- Den Ofen auf 220 °C vorheizen. Zucchini, Aubergine und Zwiebel auf einem tiefen Backblech verteilen und in 3 EL des Olivenöls wenden. 20 Minuten im Ofen knusprig und goldbraun backen.

- Inzwischen das restliche Olivenöl in einer großen, schweren Pfanne erhitzen und die Zwiebel und den Knoblauch darin bei mittlerer Hitze 3 Minuten unter gelegentlichem Rühren glasig dünsten. Die Tomaten zugeben und unter häufigem Rühren noch 10 Minuten weiterdünsten. Tomatenmark, Kräuter und 150 ml Wasser dazugeben, aufkochen lassen, die Temperatur herunterschalten und nochmals 5 Minuten ziehen lassen.

- Inzwischen einen Topf mit Salzwasser zum Kochen bringen und die Fusilli darin 10–12 Minuten bissfest kochen. Abgießen.

- Gemüse, Tomatensauce und Pasta gut mischen und auf vorgewärmten Tellern angerichtet servieren. Nach Wunsch warmes Bauernbrot dazureichen.

 Pasta mit Röstgemüse und Sahnesauce

Einen Topf mit Salzwasser zum Kochen bringen und die Fusilli darin 10–12 Minuten bissfest kochen. Abgießen, in den Topf zurückgeben und 300 ml Pastasauce aus dem Glas oder Tetrapack (z. B. mit Kräutern oder Gemüse), 300 g eingelegte Artischocken sowie 1 EL frischen gehackten Rosmarin zugeben und bei mittlerer Hitze gut erwärmen. Mit frisch geriebenem Parmesan servieren, nach Wunsch Knoblauchbrot dazureichen.

 **Couscous mit Röstgemüse und Feta**

Den Ofen auf 220 °C vorheizen. 2 Zucchini und 1 Aubergine, geputzt und in groben Würfeln, und 1 große grob gehackte rote Zwiebel auf ein tiefes Backblech geben und in 3 EL Olivenöl wenden. 20 Minuten im Ofen goldbraun rösten. Inzwischen 200 g Couscous in eine Schüssel geben und mit so viel heißem Wasser übergießen, dass dieses etwa 1 cm über den Couscous hinaussteht. ½ TL Salz einrühren, 15 Minuten quellen lassen, dann mit einer Gabel auflockern und mit 1 EL Olivenöl und dem Saft von ½ Zitrone verrühren. Das Gemüse dazugeben, mit Salz und frisch gemahlenem schwarzem Pfeffer würzen, mit 200 g zerbröseltem Feta und gehacktem Basilikum bestreut servieren.

Salat mit Eiern, Käse, Kirschtomaten und Basilikum

Für 4 Personen

2 EL Olivenöl

2 Eier, verquirlt

25 g Basilikum, grob gehackt

200 g Feta, abgetropft
   und zerbröckelt

250 g Kirschtomaten, halbiert

80 g Brunnenkresse

1 EL Balsamicoessig

frisch gemahlener schwarzer Pfeffer

- 1 EL des Öls in einer Pfanne (25 cm Ø) mit Antihaftbeschichtung erhitzen, dabei gut über die Oberfläche verteilen. Die Eier mit dem Basilikum und viel frisch gemahlenem schwarzem Pfeffer verquirlen, in die Pfanne gießen und 1–2 Minuten garen, bis das Omelett fest geworden ist. Herausnehmen und in Streifen schneiden.

- Inzwischen den Feta, die Kirschtomaten und die Brunnenkresse in einer Schüssel mischen. Das restliche Öl mit dem Balsamicoessig verrühren und mit dem Salat vermischen.

- Die Omelettstreifen in den Salat geben, alles gut durchmischen und noch warm servieren.

Frittata mit Käse, Kirschtomaten und Basilikum Den Grill auf 220 ºC vorheizen. 2 EL Olivenöl in einer Pfanne mit Antihaftbeschichtung (25 cm Ø) erhitzen, dabei gut über die Oberfläche verteilen. 6 Eier verquirlen, gut würzen, in die Pfanne gießen und 2–3 Minuten garen, dann 250 g halbierte Kirschtomaten, 200 g zerbröckelten Feta und 1 Handvoll schwarze Oliven ohne Stein darüberstreuen. Noch 3 Minuten garen, bis der Boden des Omeletts fest geworden ist, dann unter den Grill stellen. Darauf achten, dass der Pfannenstiel von der Wärmequelle weg zeigt. 2–3 Minuten grillen, bis die Oberfläche fest geworden und der Käse etwas geschmolzen ist. Mit frischen Rucola- und Basilikumblättern bestreut und mit Zitronensaft beträufelt servieren.

Pizza mit Basilikum, Eiern und Kirschtomaten Den Ofen auf 220 ºC vorheizen. 150 g Pizzateig aus dem Kühlregal nach Packungsangabe zubereiten und auf einem Backblech zu einem Pizzaboden (23 cm Ø) ausrollen. Mit 8 EL Pizzasauce aus dem Glas oder Tetrapack bestreichen und mit 100 g halbierten Kirschtomaten bestreuen. Eine Vertiefung in die Mitte drücken und 1 Ei hineinschlagen. Mit 1 Handvoll Basilikumblättern und 75 g geriebenem Mozzarella bestreuen, das Ei dabei freilassen, und 15–20 Minuten im Ofen goldbraun backen.

Curry mit Süßkartoffeln, Kichererbsen und Cashewnüssen

Für 4 Personen

2 EL Pflanzenöl

1 Zwiebel, gehackt

4 Süßkartoffeln, geschält
und gehackt

3 EL Korma-Currypaste

400 g Kichererbsen aus der Dose,
abgegossen

400 g gehackte Tomaten
aus der Dose

400 ml Kokosmilch

100 g geröstete Cashewnüsse

3 EL gehackter frischer Koriander

Naan oder Reis als Beilage

- Das Öl in einer großen, schweren Pfanne erhitzen und die Zwiebel und die Süßkartoffeln darin unter Rühren 5 Minuten dünsten. Die Currypaste dazugeben und noch 1 Minute rühren, dann Kichererbsen, Tomaten und Kokosmilch dazugeben und aufkochen lassen.

- Die Temperatur herunterschalten und 10 Minuten ziehen lassen, bis die Sauce etwas abgebunden hat und die Süßkartoffeln gar sind. Die Hälfte der Cashewnüsse darunter rühren.

- Mit Koriander und den restlichen Cashewnüssen bestreut zu warmem Naan oder Reis servieren.

 **Couscous mit Süßkartoffeln, Kichererbsen und Cashewnüssen**

200 g Gemüsecouscous nach Packungsangabe zubereiten. Inzwischen 2 EL Pflanzenöl in einer großen, Pfanne erhitzen und 1 gehackte Zwiebel und 4 geschälte, grob gehackte Süßkartoffeln darin bei mittlerer Hitze unter häufigem Rühren 5 Minuten garen. 400 g Kichererbsen aus der Dose, abgegossen, dazugeben, erhitzen. Den Couscous mit 3 EL gehacktem Koriander und 125 g gerösteten Cashewnüssen mischen und sofort servieren.

Korma mit Süßkartoffeln, Kichererbsen und Cashewnüssen

50 g ganze blanchierte Mandeln mit 2 Knoblauchzehen im Mixer sehr fein pürieren. 2 EL Pflanzenöl in einer großen, schweren Pfanne erhitzen und 1 gehackte Zwiebel, 4 geschälte und gehackte Süßkartoffeln und 3 EL Korma-Currypaste bei mittlerer Hitze unter häufigem Rühren 5 Minuten dünsten. Die Mandelpaste dazugeben und noch 2 Minuten rühren, dann 400 g Kichererbsen aus der Dose, abgegossen, 400 g gehackte Tomaten aus der Dose, 250 ml Kokosmilch und 125 g Crème double dazugeben und erhitzen, jedoch nicht kochen lassen. Die Temperatur reduzieren und 10 Minuten gar ziehen lassen. 50 g geröstete Cashewnüsse einrühren, mit 3 EL gehacktem Koriander und 50 g gerösteten Cashewnüssen bestreuen und mit warmem Naan oder Reis servieren.

Gemüsekebabs mit Zitrone und Nuss-Pilaw

Für 4 Personen

250 g ungeschälter Reis

1 Aubergine, grob gehackt

2 Zucchini, grob gehackt

200 g braune Champignons,

4 EL glatte Petersilie

1 EL gehackter frischer Rosmarin

150 ml Olivenöl

Saft und abgeriebene Schale
   von 2 Zitronen

250 g Kirschtomaten

100 g geröstete Mandelblättchen

2 Karotten, geschält und geraspelt

2 EL helle Sojasauce

Salz und frisch gemahlener
   schwarzer Pfeffer

gehackte glatte Petersilie
   zum Garnieren

- Für den Pilaw einen Topf mit Salzwasser zum Kochen bringen und den Reis darin 25 Minuten kochen. Abgießen und mit fließendem kaltem Wasser abschrecken, dann nochmals abgießen.

- Inzwischen Aubergine, Zucchini und Pilze (halbiert, wenn groß) mit 4 EL gehackter glatter Petersilie und dem Rosmarin in eine Schüssel geben. Olivenöl, Zitronenzeste und -saft verquirlen, mit frisch gemahlenem schwarzem Pfeffer würzen, zu dem Gemüse geben und gut darin wenden.

- Den Grill auf 220 °C vorheizen. Das Gemüse und die Tomaten auf acht Metallspieße verteilen. Die Spieße im Ofen oder auf dem Gartengrill 8–10 Minuten knusprig goldbraun grillen.

- Den abgekühlten Reis mit den Mandeln, Karotten, der restlichen Petersilie und der Sojasauce gut mischen und mit frisch gemahlenem schwarzem Pfeffer würzen und die heißen Gemüsespieße darauf anrichten.

 **Gebratener Eierreis mit Gemüse**

2 Eier verquirlen. 1 EL Pflanzenöl in einer großen, schweren Pfanne erhitzen und die Eier darin bei mittlerer Hitze 1–2 Minuten garen. Das Omelett herausnehmen und in Streifen schneiden. Noch 1 EL Olivenöl in die Pfanne geben und 300 g TK-Pfannengemüse darin 3–4 Minuten knackig dünsten. 250 g gekochten Langkornreis und die Omelettstreifen zugeben und alles gut durchmischen. Mit ein paar Spritzern heller Sojasauce würzen und mit 50 g gerösteten Mandelblättchen bestreut servieren.

 **Gemüsekebabs mit Zitrone und Minzcouscous** 200 g Couscous mit so viel kochendem Wasser übergießen, dass dieses 1 cm darüber hinaussteht. Die Gemüsespieße wie oben zubereiten, während der Couscous quillt. 3 EL Olivenöl, 2 EL Zitronensaft, 1 EL flüssigen Honig, ½ TL Harissa und 1 Handvoll gehackte Minze verquirlen und den Couscous damit übergießen. Gut mischen und die heißen Gemüsespieße darauf anrichten.

 # Pilze Stroganoff

Für 4 Personen

4 EL Olivenöl

1 Zwiebel, fein gehackt

350 g braune Champignons,
geputzt und geviertelt

200 g Shiitakepilze,
geputzt und halbiert

100 g Austernpilze,
geputzt und halbiert

1 EL Branntwein

1 TL Dijonsenf

200 g Crème fraîche

frisch gemahlener schwarzer Pfeffer

weißer oder Vollkorn-Langkornreis
als Beilage

4 EL gehackte glatte Petersilie

• Das Öl in einer großen, schweren Pfanne erhitzen und die Zwiebel darin bei mittlerer Hitze 2–3 Minuten unter gelegentlichem Rühren glasig dünsten. Die braunen Champignons dazugeben und unter häufigem Rühren 5 Minuten leicht anbräunen. Die Shiitake- und Austernpilze dazugeben und unter häufigem Rühren 5 Minuten weiterdünsten.

• Die Pilze mit dem Branntwein übergießen und bei höchster Hitze rühren, bis dieser verdampft ist. Den Senf mit der Crème fraîche glatt rühren, dann in die Pfanne geben und die Pilze 2 Minuten darin wenden. Mit frisch gemahlenem schwarzem Pfeffer würzen.

• Die Pilze Stroganoff auf Langkornreis anrichten und mit Petersilie bestreut servieren.

 **Pilze Stroganoff auf Vollkorntoast**

250 g geputzte braune Champignons und 250 g Portobellopilze in dicke Scheiben schneiden. 25 g Knoblauchbutter in einer großen, schweren Pfanne erhitzen und die Pilze darin bei großer Hitze unter häufigem Rühren 4–5 Minuten dünsten. Inzwischen 4 dicke Scheiben Vollkorntoast rösten und mit Butter bestreichen. 1 EL körnigen Senf und 300 g Schmand zu den Pilzen geben und mit Salz und frisch gemahlenem schwarzem Pfeffer würzen. Die Pilze auf dem Toast anrichten und mit 1 EL gehacktem Schnittlauch bestreuen.

 Pilze und Paprika Stroganoff mit Senf

25 g Butter und 2 TL Olivenöl in einer großen, schweren Pfanne erhitzen und 1 fein gehackte Lauchstange und je 1 rote und grüne grob gehackte Paprika dazugeben und bei mittlerer Hitze unter häufigem Rühren 5 Minuten dünsten. 350 g geputzte, geviertelte braune Champignons, 200 g geputzte und halbierte Shiitakepilze und 100 g geputzte und halbierte Austernpilze dazugeben und unter häufigem Rühren 3 Minuten weiterdünsten. Auf einen Teller heben. 150 ml trockenen Weißwein in die Pfanne geben, aufkochen lassen und

2–3 Minuten reduzieren. Inzwischen 4 TL körnigen Senf und 2 TL angerührten englischen Senf mit 400 g Crème fraîche glatt rühren und in die Pfanne geben. Umrühren und die Pilze wieder in die Pfanne geben. 2 Minuten bei niedriger Hitze rühren, dann 4 EL gehackte glatte Petersilie einrühren und mit frisch gemahlenem schwarzem Pfeffer würzen. Mit Reis oder Kartoffelpüree servieren.

Quesadillas mit Bohnenmus und Avocadosalsa

Für 4 Personen

1 EL Olivenöl

1 Bd. Frühlingszwiebeln, gehackt

½ TL gemahlener Kreuzkümmel

½ TL gemahlener Koriander

½ TL Paprikapulver

450 g braunes Bohnenmus
aus der Dose

200 g Kidneybohnen aus der Dose,
abgegossen und gewaschen

8 Weizentortillas

200 g Cheddar, gerieben

Für die Salsa

2 Strauchtomaten, gehackt

1 reife Avocado, grob gehackt

3 EL gehackter frischer Koriander

1 EL Olivenöl

frisch gemahlener schwarzer Pfeffer

- Das Öl in einer großen, schweren Pfanne erhitzen und die Frühlingszwiebel darin bei mittlerer Hitze 1–2 Minuten unter gelegentlichem Rühren weich dünsten. Die Gewürze dazugeben und 1 Minute weiter rühren. Bohnenmus und Kidneybohnen dazugeben und 2–3 Minuten unter häufigem Rühren garen, dabei 2 EL Wasser hinzufügen, wenn nötig.

- Den Ofen auf 200 ºC vorheizen. Die Mischung auf vier Tortillas verteilen. Die Tortillas jeweils einmal in der Mitte falten, dann nochmals falten und in eine leicht eingefettete ofenfeste Form setzen. Den Cheddar darüberstreuen.

- Die Tortillas im Ofen 5–10 Minuten backen, bis der Käse geschmolzen ist. Inzwischen die Salsa-Zutaten mischen und mit frisch gemahlenem schwarzem Pfeffer würzen.

- Je zwei Quesadillas pro Portion auf vorgewärmten Tellern anrichten und mit der Salsa servieren.

 Schnelle Quesadillas mit Bohnenmus

Den Grill auf 180 ºC vorheizen. 1 EL Olivenöl in einer großen, schweren Pfanne erhitzen und 1 Bund grob gehackte Frühlingszwiebeln darin bei großer Hitze unter häufigem Rühren 2 Minuten dünsten. Je ½ TL gemahlenen Kreuzkümmel, Koriander und Paprikapulver dazugeben und 1 Minute rühren. 450 g Bohnenmus aus der Dose dazugeben und unter häufigem Rühren 2–3 Minuten kochen, dabei 2 EL Wasser zufügen, wenn nötig. Die Bohnenmischung und 75 g geriebenen Cheddar auf 8 Weizentortillas verteilen und je 1 Löffel Salsa aus dem Glas oder Tetrapack darübergeben. Die Tortillas jeweils einmal in der Mitte falten, dann nochmals falten, auf einen mit Alufolie ausgelegten Grillrost legen, mit 75 g geriebenem Cheddar bestreuen und für 2 Minuten unter den Grill stellen. Mit gehacktem Koriander bestreut servieren.

Quesadillas mit selbst gemachtem Bohnenmus 2 EL Olivenöl in einer großen, schweren Pfanne erhitzen und 1 gehackte Zwiebel und 1 grob gehackte rote Chilischote darin bei mittlerer Hitze unter häufigem Rühren 5 Minuten dünsten. 400 g Borlottibohnen aus der Dose, abgegossen, dazugeben und unter Rühren 2 Minuten kochen. Die Bohnen mit 1 großen Handvoll Koriander, frisch gehackt, im Mixer grob pürieren. Dann das Rezept wie nebenstehend zubereiten.

 # Risotto mit Ziegenkäse und Spinat

Für 4 Personen

1 EL Olivenöl

1 große Zwiebel, fein gehackt

1 Knoblauchzehe, fein gehackt

250 g Risottoreis

900 ml heiße Gemüsebrühe

300 g frischer Blattspinat

Saft und abgeriebene Schale
von 1 Zitrone

200 g Ziegenkäse ohne Rinde,
grob gewürfelt

frisch gemahlener schwarzer Pfeffer

frisch geriebener Parmesan

- Das Öl in einer großen, schweren Pfanne erhitzen und die Zwiebel und den Knoblauch darin unter Rühren bei mittlerer Hitze 3–4 Minuten glasig dünsten.

- Den Reis dazugeben und 1 Minute weiterrühren, dann die Hälfte der Brühe zugießen und aufkochen lassen. Die Temperatur herunterschalten und 5–6 Minuten schwach kochen lassen, bis der Reis die Flüssigkeit fast aufgesogen hat, dann die restliche Brühe dazugeben, ziehen lassen, bis die Flüssigkeit fast völlig aufgenommen wwrde. Spinat, Zitronenzeste und -saft zugeben und 2–3 Minuten weiterrühren, bis der Spinat zusammengefallen ist

- Den Käse in das Risotto rühren, bis er fast völlig geschmolzen ist. Auf vorgewärmten Tellern mit frisch geriebenem Parmesan und frisch gemahlenem schwarzem Pfeffer bestreut servieren.

 Tagliatelle mit Ziegenkäse und

Spinat Einen Topf mit Salzwasser zum Kochen bringen und frische Tagliatelle darin 3–4 Minuten bissfest kochen. Inzwischen 300 ml Tomatensauce aus dem Glas oder Tetrapack in einem separaten Topf erhitzen. Die Pasta abgießen und zusammen mit der Tomatensauce in den Topf zurückgeben. 300 g Blattspinat dazugeben und bei mittlerer Hitze unter häufigem Rühren zusammenfallen lassen. Mit 100 g zerbröseltem Ziegenkäse und etwas frisch geriebenem Parmesan bestreuen und servieren.

 **Pizza mit Ziegenkäse und Spinat**

Den Ofen auf 200 ºC vorheizen. Pizzateig aus dem Kühlregal vierteln und die Stücke jeweils mit 1 EL Tomatenmark bestreichen. Einen großen Topf bei mittlerer Hitze erhitzen und 300 g frischen Blattspinat darin zusammenfallen lassen, dabei darauf achten, dass er nicht am Topfboden haften bleibt. 200 g grob gewürfelten Ziegenkäse ohne Rinde und den Spinat auf die Pizzas verteilen, mit 75 g frisch geriebenem Parmesan bestreuen, mit etwas Olivenöl

beträufeln und 10 Minuten im Ofen backen. Mit grünem Salat servieren.

Cannellinibohneneintopf mit Tomaten und Rosmarin

Für 4 Personen

3 EL Olivenöl

1 große rote Zwiebel, fein gehackt

2 TL Knoblauchpaste

2 EL gehackter frischer Rosmarin

800 g Cannellinibohnen aus der
  Dose, abgegossen

500 ml Tomatensauce aus dem Glas
  oder Tetrapack

frisches Vollkornbrot als Beilage

- Das Öl in einer großen, schweren Pfanne erhitzen und die Zwiebel darin unter Rühren 2 Minuten glasig dünsten. Knoblauchpaste und Rosmarin dazugeben und unter ständigem Rühren 30 Sekunden dünsten.

- Bohnen und Tomatensauce dazugeben und aufkochen lassen. Die Temperatur herunterschalten und zugedeckt 6–7 Minuten schwach kochen lassen.

- Mit frischem Vollkornbrot servieren.

 **Vegetarisches Bohnen-Cassoulet**

3 EL Olivenöl in einer großen Pfanne erhitzen, 1 kleine gehackte Zwiebel, 2 geschälte, grob gehackte Karotten und 1 EL frischen gehackten Rosmarin bei mittlerer Hitze unter häufigem Rühren 3–4 Minuten darin dünsten. 800 g grüne Bohnen aus dem Glas oder der Dose, abgegossen, und 600 ml Gemüsebrühe dazugeben und aufkochen lassen. 10 Minuten schwach kochen lassen, dann ein Drittel der Bohnen im Mixer pürieren und wieder in den Topf geben. Mit Salz und frisch gemahlenem schwarzem Pfeffer würzen und mit Bauernbrot servieren.

 **Vegetarische Würstchen mit Butterbohnenragout** 2 EL Olivenöl in einer große Pfanne erhitzen und 8 vegetarische Würstchen darin bei mittlerer Hitze unter häufigem Rühren 8–10 Minuten goldbraun braten. 2 rote Zwiebeln in dünnen Scheiben dazugeben und unter häufigem Rühren 5 Minuten weiter kochen. Je 400 g Butterbohnen und gehackte Tomaten aus der Dose, abgegossen, sowie 4 EL Tomatenmark dazugeben, aufkochen lassen, unter Rühren 10 Minuten schwach kochen, bis die Sauce sämig geworden ist. Auf vorgewärmten Tellern anrichten, mit gehackter glatter Petersilie bestreuen, servieren.

Gegrillter Halloumi
mit warmem Couscoussalat

Für 4 Personen

200 g Couscous
½ TL Salz
5 EL Olivenöl
2 rote Zwiebeln, fein gehackt
1 rote Chilischote, grob gehackt
400 g Kichererbsen aus der Dose,
  abgegossen
200 g Kirschtomaten, halbiert
3 EL gehackte glatte Petersilie
1 EL Thymian
400 g Halloumi, grob gehackt

- Den Couscous in eine Schüssel geben und mit so viel heißem Wasser übergießen, dass dieses etwa 1 cm über den Couscous hinaus steht. Salzen und 20 Minuten quellen lassen.

- Inzwischen 3 EL des Öls in einer großen, schweren Pfanne erhitzen und die Zwiebeln und zwei Drittel der gehackten Chilischote bei mittlerer Hitze unter häufigem Rühren 4–5 Minuten weich dünsten. Kichererbsen und Tomaten dazugeben und bei großer Hitze 3 Minuten fast gar dünsten.

- Den Grill auf 220 ºC vorheizen. Inzwischen das restliche Olivenöl, die restliche gehackte Chilischote und die Kräuter in einer flachen Schüssel mischen und die Halloumischeiben gut darin wenden. Den Halloumi auf einen mit Alufolie abgedeckten Grillrost legen und 2–3 Minuten goldbraun grillen.

- Den Couscous zu den Kichererbsen geben und darin 1 Minute unter Rühren gut erhitzen. Auf vorgewärmte Teller füllen und den Halloumi darauf anrichten.

 Schneller Halloumi mit Chili Zwei gehackte rote Chilischoten in 2 EL Olivenöl extra vergine marinieren, derweil den Halloumi braten. Eine Pfanne mit Antihaftbeschichtung erhitzen und 400 g Halloumi in mittelgroßen Scheiben darin bei großer Hitze portionsweise je 2 Minuten auf jeder Seite goldbraun braten. Je 1 Handvoll Salatblätter auf vier Tellern anrichten und den Käse darauf verteilen. Die gehackte Chili gut umrühren, auf dem Käse verteilen und zuletzt ein wenig Zitronensaft darüberträufeln.

 **Halloumi-Kebabs mit Couscous** Den Ofengrill auf 220 ºC vorheizen. 200 g Couscous in eine Schüssel geben und mit so viel heißem Wasser übergießen, dass dieses etwa 1 cm über den Couscous hinaus steht. Salzen und 20 Minuten quellen lassen. Inzwischen 3 EL Olivenöl, 1 zerdrückte Knoblauchzehe, je 1 TL frischen gehackten Thymian, Oregano, Rosmarin und Minze, den Saft von 1 Limette, Salz und frisch gemahlenen schwarzen Pfeffer gut verrühren. 400 g in 2,5 cm große Würfel geschnittenen Halloumi und 8 geputzte braune Champignons in eine nicht-metallische Schüssel geben und mit der Marinade übergießen. Zugedeckt stehen lassen. Käse, Pilze und 8 Kirschtomaten auf vier Metallspieße verteilen (alternativ auf Bambusspieße, die zuvor 30 Minuten gewässert wurden). Die Spieße im Ofen 5–6 Minuten grillen, dabei mit der restlichen Marinade einpinseln. Mit Couscous und Salsa aus dem Glas oder Tetrapack servieren.

Penne mit gebratenem Kürbis und Pesto

Für 4 Personen

500 g frische Penne
2 EL Olivenöl
25 g Butter
500 g küchenfertiger Butternut-Kürbis
   in Würfeln oder Spalten
200 g grünes Pesto
Salz

- Einen Topf mit Salzwasser zum Kochen bringen und die Penne darin 3 Minuten bissfest kochen. Abgießen in den Topf zurückgeben und in 1 EL Olivenöl wenden.

- Währenddessen die Butter mit dem restlichen Öl in einem Wok oder einer großen, schweren Pfanne erhitzen und den Butternut-Kürbis darin bei mittlerer Hitze unter häufigem Rühren 7–8 Minuten goldbraun dünsten. Für die letzten 3 Minuten der Garzeit den Deckel auflegen.

- Pasta, Pesto und Kürbis gut durchmischen und 1 Minute zusammen erhitzen. In vorgewärmten Tellern servieren.

Warmer Pastasalat mit Kürbis, Schinken und Camembert Den Kürbis wie oben dünsten. Inzwischen einen Topf mit Salzwasser zum Kochen bringen und die trockene Penne darin 10–12 Minuten gar kochen. Abgießen. 8 Scheiben Frühstücksspeck auf dem Grill oder in der Pfanne kross braten und grob hacken, dann mit der Pasta und dem Kürbis mischen. Eine separate Pfanne erhitzen und 75 g Pinienkerne bei mittlerer Hitze 3–4 Minuten rösten, dabei gut schütteln. Alles mit 100 g gewürfeltem Camembert und 150 g gemischtem Salat vermengen. 2 EL Olivenöl, 1 EL Pesto und den Saft von ½ Zitrone verquirlen, über den Salat geben.

Sommerlicher Pastaauflauf mit Kürbis Den Grill auf 220 °C vorheizen. Einen Topf mit Salzwasser zum Kochen bringen und 500 g frische Penne darin 3 Minuten bissfest kochen. Abgießen, in den Topf zurückgeben und in 1 EL Olivenöl wenden. 25 g Butter und 1 EL Olivenöl in einer großen, schweren Pfanne erhitzen und 500 g küchenfertigen Butternut-Kürbis darin bei mittlerer Hitze unter häufigem Rühren 7–8 Minuten Minuten goldbraun dünsten. Für die letzten 3 Minuten der Garzeit den Deckel auflegen und in der letzten Minute 250 g Erbsen (aufgetaut, wenn tiefgekühlt) dazugeben. 400 g Crème fraîche, die abge-

riebene Schale von 1 Zitrone und 4 EL Pesto dazugeben, gut durchmischen, dann 200 g Feta und 200 g frischen Blattspinat dazugeben und unter Rühren 2 Minuten weiterdünsten, bis der Spinat zusammengefallen ist. Pasta und Gemüse mischen und in eine flache Gratinform geben. Mit 6 EL frisch geriebenem Parmesan bestreuen, 3–4 Minuten goldbraun überbacken.

1 Ciabattatoasties
mit mediterranem Gemüse

Für 4 Personen

5 EL Olivenöl
½ Aubergine, geputzt
   und fein gehackt
1 Ciabatta
4 EL grünes Pesto
1 große Fleischtomate, fein gehackt
4 Scheiben Mozzarella
frisch gemahlener schwarzer Pfeffer
Olivenöl zum Beträufeln

- Das Öl in einer großen, schweren Pfanne erhitzen und die Auberginenscheiben darin portionsweise bei großer Hitze 1–2 Minuten auf jeder Seite goldbraun dünsten. Herausheben und warm halten.

- Inzwischen den Grill auf 220 °C vorheizen. Das Ciabattabrot halbieren und aufschneiden, mit der offenen Seite nach oben unter den Grill legen und 1 Minute goldbraun toasten.

- Die offenen Brotseiten mit je 1 EL Pesto bestreichen, mit den Auberginen-, Tomatenscheiben und zuletzt mit den Mozzarellascheiben belegen. Mit je 1 EL Olivenöl beträufeln und nochmals 2 Minuten grillen, bis der Mozzarella anfängt zu verlaufen.

- Mit frisch gemahlenem schwarzem Pfeffer würzen und sofort servieren.

2 Mediterrane Ciabattapizzas

Den Ofengrill vorheizen. Das Ciabatta halbieren, aufschneiden und mit der offenen Seite nach oben auf ein Backblech legen. 4 EL Olivenöl in einer großen, schweren Pfanne erhitzen und die Auberginenwürfel darin bei großer Hitze 5 Minuten goldbraun dünsten, dabei häufig wenden. Die Brote mit je 2 EL Tomatenmark bestreichen, dann eine fein gehackte Fleischtomate und die Auberginenwürfel darauf verteilen. 150 g Mozzarella in Scheiben schneiden und auf den Auberginen verteilen. Jedes Brot mit 2 TL Pesto beträufeln und 5 Minuten goldbraun dünsten.

3 Mediterranes Gemüsegratin

Den Ofengrill vorheizen. 4 EL Olivenöl in einer großen, schweren Pfanne erhitzen und eine Aubergine in Scheiben darin portionsweise 1–2 Minuten auf jeder Seite goldbraun dünsten. Abwechselnd mit 3 fein gehackten großen Fleischtomaten, 300 g abgetropftem und fein gehacktem Mozzarella und 6 EL Pesto in eine flache Gratinform schichten, dazwischen jeweils gut würzen. Mit 3 EL frisch geriebenem Parmesan bestreuen und im Ofen 8–10 Minuten goldbraun überbacken.

Fruchtige Kichererbsen-Tajine mit Koriandercouscous

Für 4 Personen

200 g Couscous
½ TL Salz
4 EL Olivenöl
1 Aubergine, gewürfelt
1 rote Zwiebel, grob gehackt
2 rote Paprika, grob gehackt
1 EL Harissa
2 Knoblauchzehen, gehackt
2,5 cm Ingwer, geschält und gehackt
1 Zimtstange
400 g Kichererbsen aus der Dose, abgegossen
400 g gehackte Tomaten aus der Dose
300 ml Gemüsebrühe
1 EL Tomatenmark
1 TL Zucker
100 g getrocknete Aprikosen, grob gehackt
50 g Backpflaumen, grob gehackt
4 EL gehackter frischer Koriander
Koriander zum Garnieren

- Den Couscous in eine Schüssel geben und mit soviel heißem Wasser übergießen, dass dieses etwa 1 cm über den Couscuous hinaussteht. Das Salz einrühren und 15 Minuten quellen lassen.

- Inwischen 2 EL Öl in einer großen, schweren Pfanne erhitzen und die Aubergine darin bei mittlerer Hitze unter häufigem Rühren 5 Minuten goldbraun dünsten. Zwiebel und rote Paprika dazugeben und unter häufigem Rühren 5 Minuten weiterdünsten. Harissa, Knoblauch und Ingwer einrühren und noch 2 Minuten weiterrühren, dann die Zimtstange, Kichererbsen, Tomaten, Brühe, Tomatenmark, Zucker und Trockenfrüchte dazugeben und aufkochen lassen. Die Temperatur herunterschalten und zugedeckt 10–15 Minuten gar ziehen lassen.

- Den Couscous mit einer Gabel auflockern, mit 2 EL Olivenöl und dem gehackten Koriander verrühren. Mit der Tajine auf vorgewärmten Tellern anrichten und mit Koriander bestreut servieren.

Pita mit Hummus
Den Ofengrill vorheizen.
4 Fladenbrote leicht grillen und zu Taschen aufschneiden. Mit je 1 EL Hummus aus dem Glas, 1 großen, geraspelten Karotte und 5 cm gehackter Salatgurke füllen und sofort servieren.

Salat mit Kichererbsen, Tomaten und Feta 1 rote Zwiebel und 2 rote Chilischoten fein hacken und mit 250 g grob gehackten Tomaten in einer Salatschüssel gut mischen. Mit dem Saft von 1 ½ Zitronen und etwa 6 EL Olivenöl extra vergine beträufeln und mit Salz und frisch gemahlenem schwarzem Pfeffer

würzen. 400 g Kichererbsen aus der Dose, abgegossen, in einem Topf mit 4 EL Wasser erhitzen und etwa 90 % davon zu dem Salat geben. Den Rest mit einer Gabel zerdrücken, zu dem Salat geben und alles gut durchmischen. 5 Minuten marinieren, dann mit 200 g Feta, gehackter Minze und Basilikum servieren.

Blätterteigpastete mit Spinat, Pinienkernen und Käse

Für 4 Personen

1 EL Olivenöl

1 Zwiebel, grob gehackt

1 Knoblauchzehe, fein gehackt

75 g Pinienkerne, gebrannt

1 kg TK-Spinat, aufgetaut
und gut abgetropft

2 Eier

2 Eigelb

400 g Feta, abgetropft
und zerkrümelt

2 TL geriebene Muskatnuss

1 Packung Blätterteig (6 Blätter),
aufgetaut, wenn tiefgekühlt

25 g Butter, zerlassen

25 g Parmesan, frisch gerieben

Salz und frisch gemahlener
schwarzer Pfeffer

Salat mit Olivenöl- und Zitronensaft-
Dressing als Beilage

- Das Öl in einer großen, schweren Pfanne erhitzen und die Zwiebel und den Knoblauch darin unter Rühren 5 Minuten glasig dünsten. Pinienkerne und Spinat zugeben und noch 3–4 Minuten weiter rühren.

- Den Ofen auf 180 °C vorheizen. Den Pfanneninhalt in eine Schüssel geben. Eier, Eigelb, Feta und Muskatnuss dazugeben, alles gut durchmischen und mit Salz und reichlich frisch gemahlenem schwarzem Pfeffer würzen. In eine große Auflaufform umfüllen.

- Den Blätterteig über das Gemüse krümeln. Die zerlassene Butter darüberstreichen, mit geriebenem Parmesan bestreuen und den Auflauf im Ofen 10–12 Minuten goldbraun und knusprig backen.

- Mit knackigem grünen Salat mit Olivenöl und Zitronensaftdressing servieren.

1 **Spinat-Ricotta-Pasta mit Pesto** Einen Topf mit Salzwasser zum Kochen bringen und 500 g frische Spinat-Ricotta-Tortellini darin 2–3 Minuten bissfest kochen. Abgießen, in die Pfanne zurückgeben und in 4 EL grünes Pesto wenden. Auf vorgewärmten Tellern mit gehobeltem Parmesan bestreut servieren.

2 **Spiegeleier mit Spinat und Käse** Den Ofen auf 220 °C vorheizen. 1 kg aufgetauten, gut abgetropften TK-Spinat, 400 g abgetropften und zerbröckelten Feta und 2 EL griechischen Joghurt in einer Schüssel gut mischen und auf vier Souffléförmchen verteilen. Auf jede Portion 1 Ei schlagen, mit Salz und frisch gemahlenem schwarzem Pfeffer würzen und 1 EL griechischen Joghurt darauf- setzen. Die Förmchen in ein tiefes Backblech stellen und das Blech bis zur halben Randhöhe mit kochendem Wasser füllen. Auf der mittleren Ofenschiene 10 Minuten backen und sofort servieren.

Biryani mit Gemüse, Früchten und Nüssen

Für 4 Personen

250 g Basmatireis
½ Blumenkohl, in Röschen
2 EL Pflanzenöl
2 große Süßkartoffeln, geschält
   und gewürfelt
1 große Zwiebel, fein gehackt
3 EL scharfe Currypaste
½ TL Kurkuma
2 TL Senfkörner
300 ml heiße Gemüsebrühe
250 g feine grüne Bohnen,
   geputzt und halbiert
100 g Sultaninen
6 EL gehackter frischer Koriander
50 g Cashewnüsse, leicht geröstet
Pappadums und Raita-Dip (s. S. 28)
   zum Servieren

- Einen Topf mit Salzwasser zum Kochen bringen und den Reis darin 5 Minuten kochen. Den Blumenkohl dazugeben und noch 10 Minuten zusammen gar ziehen lassen, dann abgießen.

- Inzwischen das Öl in einer großen, schweren Pfanne erhitzen und die Süßkartoffeln und Zwiebel darin unter Rühren 10 Minuten goldbraun dünsten. Currypaste, Kurkuma und Senfkörner dazugeben und noch 2 Minuten weiter rühren.

- Brühe und grüne Bohnen dazugeben, aufkochen lassen, Temperatur herunterschalten und 5 Minuten ziehen lassen.

- Den abgetropften Reis, Blumenkohl, Sultaninen, Koriander und Cashewnüsse dazugeben, 2 Minuten unter Rühren weitergaren und auf vorgewärmten Tellern anrichten. Pappadums (knuspriges indisches Fladenbrot) und Raita-Dip als Beilage servieren.

Schnelles Gemüse-Biryani Jeweils 250 g TK-Blumenkohlröschen und grüne Bohnen (jeweils abgetaut) in einem Topf mit Salzwasser vorgaren. Abgießen, in den Topf zurückgeben und 400 ml Biryani-Currysauce aus dem Glas dazugeben, unter Rühren erwärmen. Inzwischen 400 g Express-Reis nach Packungsangabe zubereiten und mit dem Curry auf Tellern anrichten. Mit gerösteten Cashewnüssen, Pappadums (knuspriges indisches Fladenbrot) und Raita-Dip (s. S. 28) servieren.

Curry-Gemüsegratin Den Ofen auf 220 ºC vorheizen. 25 g Butter in einem Topf zerlassen, 25 g Mehl zugeben und bei mittlerer Hitze einige Sekunden unter Rühren erhitzen. Den Topf vom Herd nehmen und 300 g kalte Milch nach und nach dazugeben, dabei jeweils gut verrühren. 50 g geriebenen Cheddar und ½ TL Currypulver einrühren, den Topf auf den Herd zurückstellen und unter ständigem Rühren kochen, bis die Mehlschwitze abbindet. 500 g aufgetautes TK-Mischgemüse dazugeben und unter Rühren erhitzen. Auf vier Auflaufförmchen verteilen und mit 2 EL frischem Semmelmehl bestreuen. Auf ein Backblech stellen und im Ofen 8–10 Minuten goldbraun überbacken.

Reisbandnudeln mit Gemüse

Für 4 Personen

200 g Reisbandnudeln
2 EL Sesamöl
2 Eier, verquirlt
1 EL Pflanzenöl
200 g Sojasprossen
1 Bd. Frühlingszwiebeln, grob gehackt
1 TL Chiliflocken
1 EL thailändische Fischsauce
1 EL brauner Zucker
50 g gesalzene Erdnüsse,
  grob gehackt
4 EL gehackter frischer Koriander
Limettenscheibe zum Servieren

- Die Reisbandnudeln in eine hitzebeständige Schüssel geben und mit kochendem Wasser übergießen. 10 Minuten quellen lassen, dann abgießen und in 1 EL des Sesamöls wenden.

- Inzwischen das restliche Sesamöl in einer großen, schweren Pfanne erhitzen, die verquirlten Eier hineingießen und bei mittlerer Hitze 1–2 Minuten backen. Das Omelett aus der Pfanne heben, in Streifen schneiden und zu den Reisnudeln geben.

- Das Pflanzenöl in die Pfanne geben und die Sojasprossen und Frühlingszwiebeln darin bei großer Hitze 2–3 Minuten weich dünsten, dann die Chiliflocken dazugeben und gut umrühren. Fischsauce und Zucker verrühren und mit den Nudeln mischen, dann in die Pfanne geben und 2–4 Minuten unter Rühren erhitzen.

- Auf vorgewärmten Tellern anrichten und mit Koriander bestreut servieren. Limettenscheibe dazureichen.

 Schnelle Reisbandnudeln 2 Eier verquirlen. 1 EL Sesamöl in einer großen, schweren Pfanne erhitzen, die verquirlten Eier hineingießen und bei mittlerer Hitze 1–2 Minuten backen. Das Omelett aus der Pfanne heben, in Streifen schneiden und mit 400 gekochten Reisbandnudeln mischen. 1 EL Pflanzenöl in die Pfanne geben und 200 g Sojasprossen und 1 Bund gehackte Frühlingszwiebeln bei großer Hitze 2–3 Minuten weich dünsten. Die Eier-Nudel-Mischung und 120 ml Pad-Thai-Woksauce aus dem Glas dazugeben und unter Rühren erhitzen. Mit gesalzenen Erdnüssen bestreut servieren.

 **Reisbandnudeln mit Süßkartoffeln und Zuckerschoten** 2 EL Pflanzenöl in einer großen Pfanne erhitzen und 750 g geschälte und gewürfelte Süßkartoffeln darin bei mittlerer Hitze unter häufigem Rühren 8–10 Minuten weich dünsten. 250 g Zuckerschoten, 1 Bund gehackte Frühlingszwiebeln, 3 EL brauner Zucker, 2 EL thailändische Fischsauce und 1 TL Chiliflocken dazugeben und unter Rühren 6–8 Minuten weiterdünsten. Mit 50 g gehacktem Koriander und 125 g gerösteten Cashewnüssen bestreut servieren.

30 Linsen-Dal mit Gemüse

Für 4 Personen

4 EL Pflanzenöl

1 große Zwiebel, grob gehackt

1 Aubergine, geputzt
und grob gehackt

1 rote Paprika, halbiert, geputzt,
in Würfeln

250 g Okraschoten, geputzt
und in 2,5 cm Stücken

200 g rote Linsen, gewaschen

3 EL Balti-Currypaste

600 ml Gemüsebrühe

3 EL gehackte Minze

200 g Naturjoghurt

5 EL gehackter frischer Koriander

Salz und frisch gemahlener
schwarzer Pfeffer

Naan als Beilage

- Das Öl in einer großen, schweren Pfanne erhitzen und die Zwiebel und die Aubergine darin unter Rühren 5 Minuten weich dünsten.

- Okraschoten und schwarzen Pfeffer dazugeben und unter häufigem Rühren 3–4 Minuten kochen, dann die Linsen und die Currypaste dazugeben. Gut umrühren, die Brühe dazugeben und aufkochen lassen. Deckel auflegen und 20 Minuten ziehen lassen, bis die Linsen gar sind.

- Inzwischen die gehackte Minze mit dem Joghurt verrühren.

- Die Pfanne vom Herd nehmen, den frisch gehackten Koriander einrühren, mit Salz und frisch gemahlenem schwarzem Pfeffer würzen. Mit Minzjoghurt und warmem Naan als Beilage servieren.

 Schnelle Suppe mit roten Linsen, Gemüse und Chili 2 EL Olivenöl in einem Topf erhitzen und 2 gehackte Zwiebeln, 1 fein gehackte rote Chilischote, die abgeriebene Schale von 1 Zitrone und 1 TL Kreuzkümmel darin bei mittlerer Hitze unter Rühren 2 Minuten dünsten. 200 g rote Linsen, 200 g TK-Mischgemüse und 750 ml heiße Gemüsebrühe dazugeben und 8 Minuten ziehen lassen, bis die Linsen gar sind. Frische gehackte Minze einrühren und mit Naturjoghurt und Pita servieren.

 **Knackiges Gemüse-Balti** 4 EL Pflanzenöl in einer großen, schweren Pfanne erhitzen und 1 große, grob gehackte Zwiebel und 1 geputzte, grob gehackte Aubergine darin bei mittlerer Hitze unter gelegentlichem Rühren 5 Minuten weich dünsten. 1 rote Parika, geputzt und in Würfel schnitten, und 250 g geputzte, in 2,5 cm große Stücke geschnittene Okraschoten darin unter Rühren 3–4 Minuten dünsten. 3 EL Balti-Currypaste einrühren und 600 ml Gemüsebrühe dazugießen. Aufkochen lassen, Temperatur reduzieren und zugedeckt 10 Minuten ziehen lassen. Inzwischen den Minzjoghurt wie oben zubereiten. Mit gekochtem Express-Reis (nach Packungsangabe) und warmem Naan als Beilage servieren.

 # Spaghetti mit Tomaten und Chili

Für 4 Personen

250 g Spaghetti

2 EL Olivenöl

2 Schalotten, fein gehackt

1 rote Chilischote, fein gehackt

2 Knoblauchzehen, fein gehackt

500 g Tomaten, grob gehackt

3 EL Tomatenmark

150 ml Rotwein

6 EL gehackte glatte Petersilie

Salz und frisch gemahlener
   schwarzer Pfeffer

frisch geriebener Parmesan
   (nach Wunsch)

- Einen Topf mit Salzwasser zum Kochen bringen und die Spaghetti darin 8–10 Minuten bissfest kochen. Abgießen, in den Topf zurückgeben und in 1 EL des Olivenöls wenden.

- Inzwischen das restliche Olivenöl in einer großen, schweren Pfanne erhitzen und die Schalotten, Chilischote und den Knoblauch darin bei mittlerer Hitze 2–3 Minuten unter gelegentlichem Rühren glasig dünsten. Tomaten zugeben und bei großer Hitze 5 Minuten weiterdünsten. Gelegentlich umrühren. Tomatenmark und Wein zugeben, umrühren und zugedeckt 10 Minuten ziehen lassen, bis die Sauce dick und sämig geworden ist.

- Die Petersilie und viel frisch gemahlenen schwarzen Pfeffer zugeben und in den gekochten Spaghetti wenden. Nach Geschmack mit frisch geriebenem Parmesan servieren.

Spaghetti mit Tomaten, Chili und schwarzen Oliven

Die Spaghetti in einem Topf mit Salzwasser 8–10 Minuten bissfest kochen. Abgießen, in die Pfanne zurückgeben und in 1 EL Olivenöl wenden. 2 EL Olivenöl in einer großen Pfanne erhitzen und 2 fein gehackte Schalotten, 1 fein gehackte rote Chilischote und 2 fein gehackte Knoblauchzehen darin bei mittlerer Hitze unter häufigem Rühren 2–3 Minuten weich dünsten. 500 ml Pastasauce aus dem Glas und 250 g abgegossene schwarze Oliven ohne Stein dazugeben und alles erhitzen. 6 EL gehackte glatte Petersilie und frisch gemahlenen schwarzen Pfeffer einrühren, nach Wunsch mit frisch geriebenem Parmesan servieren.

Spaghetti mit Tomaten und gerösteten Auberginen

Den Ofen auf 220 ºC vorheizen. Einen Topf mit Salzwasser zum Kochen bringen und die Spaghetti darin 8–10 Minuten bissfest kochen. Abgießen, in die Pfanne zurückgeben und in 1 EL Olivenöl wenden. 1 Aubergine putzen, grob hacken, mit 4 EL Olivenöl in eine hitzebeständige Form geben und 20 Minuten im Ofen garen. Inzwischen 2 EL Olivenöl in einer großen Pfanne erhitzen und 2 fein gehackte Schalotten, 1 fein gehackte rote Chilischote und 2 fein gehackte Knoblauchzehen darin bei mittlerer Hitze unter häufigem Rühren 2–3 Minuten weich dünsten. 500 g Tomaten dazugeben und bei großer Hitze 5 Minuten weitergaren. Gelegentlich rühren. 3 EL Tomatenmark und 150 ml Rotwein dazugeben und zugedeckt 10 Minuten ziehen lassen, die gebackenen Auberginen gegen Ende der Garzeit dazugeben. 6 EL gehackte glatte Petersilie und frisch gemahlenen schwarzen Pfeffer einrühren, in den Spaghetti wenden und sofort servieren.

Kartoffelcurry mit Blumenkohl und Spinat

Für 4 Personen

3 EL Pflanzenöl

1 große Zwiebel, grob gehackt

1 Blumenkohl, geputzt in Röschen

500 g Kartoffeln, geschält,
  in groben Würfeln

2 TL zerstoßener Kreuzkümmelsamen

4 EL Korma-Currypaste

400 ml Kokosmilch aus der Dose

300 ml Gemüsebrühe

300 g Blattspinat

4 EL gehackter frischer Koriander

Salz und frisch gemahlener
  schwarzer Pfeffer

Naan als Beilage

- Das Öl in einem großen, schweren Topf erhitzen und die Zwiebel darin bei mittlerer Hitze unter Rühren 2–3 Minuten glasig dünsten, dann Blumenkohl, Kartoffeln und Kreuzkümmelsamen dazugeben. 4–5 Minuten unter gelegentlichem Rühren dünsten, bis die Kartoffeln goldbraun sind.

- Das Gemüse in der Currypaste wenden, die Kokosmilch dazugeben und aufkochen lassen. Die Temperatur herunterschalten, Deckel auflegen und 20 Minuten gar ziehen lassen. In den letzten 5 Minuten den frischen Spinat dazugeben.

- Reichlich mit Salz und frisch gemahlenem schwarzem Pfeffer sowie dem frisch gehackten Koriander wüzen und mit warmem Naan als Beilage servieren.

 Grünes Thai-Curry mit Blumenkohl

Insgesamt 500 g TK- Blumenkohl-röschen und grüne Bohnen nach Packungsangabe in einem großen Topf mit Salzwasser gar kochen. Abgießen und in den Topf zurückgeben. 400 ml grüne Thai-Currysauce aus dem Glas dazugeben und vorsichtig umrühren. Mit gekochtem Thai-Jasminreis servieren.

 **Überbackener Blumenkohl mit**

Spinat Den Ofen auf 200 ºC vorheizen. 1 Blumenkohl putzen und in Röschen brechen, einige der inneren Blätter zurückbehalten. 2 Lorbeerblätter zerpflücken und zwischen die Röschen stecken. In einem Dampfdruckkochtopf 12 Minuten gar kochen. Inzwischen 300 g frischen Blattspinat waschen und in einem großen Topf bei mittlerer Hitze unter Rühren zusammenfallen lassen. Die überschüssige Flüssigkeit aus-drücken. Blumenkohl und Spinat in eine große, gefettete Auflaufform geben, mit 350 ml Käsesauce aus dem Glas oder Tetrapack über-gießen und mit 100 g frischem Semmelmehl und 50 g frisch geriebenem Parmesan bestreuen. 8 Minuten im Ofen goldbraun überbacken, mit Salat servieren.

Kürbisgratin mit Tomaten und roten Zwiebeln

Für 4 Personen

75 g Butter
2 rote Zwiebeln, fein gehackt
750 g Butternut-Kürbis,
   geschält und fein gehackt
2 EL gehackte glatte Petersilie
3 Tomaten, fein gehackt
150 ml Gemüsebrühe
25 g Weizenmehl
300 ml Milch
½ TL frisch geriebene Muskatnuss
1 TL Dijonsenf
150 g Emmentaler oder Gruyère,
   gerieben
Bauernbrot und grüner Salat
   als Beilage

- Den Ofen auf 220 ºC vorheizen.

- 50 g der Butter in einem Wok oder einer großen, schweren Pfane zerlassen und die Zwiebeln und den Butternut-Kürbis bei mittlerer Hitze 5 Minuten unter gelegentlichem Rühren goldbraun dünsten. Petersilie, Tomaten und Brühe zugeben und aufkochen lassen. Temperatur herunterschalten, zugedeckt 5 Minuten ziehen lassen.

- Inzwischen die restlichen 25 g Butter in einem Topf zerlassen, das Mehl zugeben, bei mittlerer Hitze einige Sekunden unter Rühren erhitzen. Den Topf vom Herd nehmen und die kalte Milch nach und nach dazugeben, dabei jeweils gut verrühren. Den Topf auf den Herd zurückstellen und unter ständigem Rühren kochen, bis die Mehlschwitze abbindet. Den Topf vom Herd nehmen, Muskatnuss, Senf und die Hälfte des Käses dazugeben, gut rühren. Mit dem Kürbis in die Pfanne geben und durchmischen.

- Die Kürbismischung in eine große Auflaufform geben, mit dem restlichen Käse bestreuen und im Ofen 10 Minuten goldbraun überbacken. Mit Bauernbrot und gemischtem Salat servieren.

---

1 **Spaghetti mit Kürbis, getrockneten Tomaten und roten Zwiebeln** Einen Topf mit Salzwasser zum Kochen bringen und 500 g frische Spaghetti darin 3–4 Minuten bissfest kochen. Abgießen und warm stellen. Inzwischen 1 EL Olivenöl in einer großen, schweren Pfanne erhitzen und 1 fein gehackte rote Zwiebel darin bei mittlerer Hitze unter häufigem Rühren 5 Minuten glasig dünsten. Inzwischen 300 g küchenfertigen Butternut-Kürbis nach Packungsangabe in der Mikrowelle garen und in die Pfanne geben. 8 abgetropfte, gehackte getrocknete Tomaten und 3 EL Balsamicoessig dazugeben, umrühren, dann die Pasta dazugeben. Mit Salz und frisch gemahlenem schwarzem Pfeffer würzen, dann 2 Handvoll frisch gehacktes Basilikum und 200 g abgetropften, zerbröckelten Feta daruntermischen und sofort servieren.

 **2** **Pasta mit Kürbis, Tomaten und roten Zwiebeln** 50 g Butter in einer großen, schweren Pfanne erhitzen und 2 fein gehackte rote Zwiebeln und 750 g fein gehackten Butternut-Kürbis bei mittlerer Hitze unter häufigem Rühren 5 Minuten goldbraun dünsten. 2 EL gehackte glatte Petersilie, 3 fein gehackte Tomaten und 150 ml Gemüsebrühe dazugeben und aufkochen lassen. Deckel auflegen und 5 Minuten ziehen lassen. Inzwischen 250 g Fusilli bissfest kochen. Mit der Sauce mischen und sofort servieren.

Kokos-Dal mit geröstetem Naan

Für 4 Personen

1 EL Pflanzenöl
1 Zwiebel, grob gehackt
2 EL Korma-Currypaste
125 g rote Linsen, gewaschen
400 ml Kokosmilch aus der Dose
Naan als Beilage

- Den Ofengrill auf 180 ºC vorheizen.

- Das Öl in einer großen, schweren Pfanne erhitzen und die Zwiebel darin bei großer Hitze unter Rühren 1 Minute glasig dünsten, dann Currypaste und Linsen einrühren. 400 ml Kokosmilch und 400 ml Wasser dazugeben und 8–9 Minuten ziehen lassen, bis die Linsen gar sind und die Sauce etwas abgebunden hat.

- Das Naan im Ofengrill goldbraun rösten, während das Dal kocht. In Streifen schneiden und als Beilage servieren.

 Kokos-Dal und Naan mit Curry und Zwiebeln Den Grill auf 180 ºC vorheizen. Das Dal wie oben zubereiten. Inzwischen 2 EL Öl in einer großen, schweren Pfanne erhitzen und 1 rote und 2 weiße gehackte Zwiebeln darin bei mittlerer Hitze unter häufigem Rühren 5 Minuten glasig dünsten. 8 EL Kokosmilch, 3 EL Korma-Currypaste, 1 EL Senfkörner und 200 g frischen Blattspinat dazugeben und 2 Minuten unter Rühren dünsten, bis der Spinat zusammengefallen ist. Zwei Naans auf einer Seite grillen, dann umdrehen und die Zwiebelmischung darauf verteilen und mit 4 EL gehacktem Koriander und 2 EL Kokosraspeln bestreuen. 3–4 Minuten goldbraun grillen, halbieren und zu dem Kokos-Dal servieren.

 **Gemüse-Dal mit geröstetem Naan** 4 EL Pflanzenöl in einer großen, schweren Pfanne erhitzen und mit 1 grob gehackten Zwiebel, 1 geputzten und grob gehackten großen Zucchini und 1 geputzten und grob gehackten Aubergine darin bei mittlerer Hitze unter häufigem Rühren 10 Minuten dünsten. 4 EL Korma-Currypaste und 125 g rote Linsen einrühren, dann 600 ml Gemüsebrühe zugießen und 10–15 Minuten ziehen lassen. Inzwischen das Naan wie oben rösten und in Streifen schneiden und zu dem Dal servieren.

3 Puy-Linseneintopf mit Knoblauchbrot

Für 4 Personen

4 EL Olivenöl
1 rote Paprika, grob gehackt
1 grüne Parika, grob gehackt
1 rote Zwiebel, grob gehackt
1 Knoblauchzehe, fein gehackt
1 Fenchelknolle, geputzt, fein gehackt
250 g Puy-Linsen, gewaschen
600 ml Gemüsebrühe
300 ml Rotwein

Für das Knoblauchbrot

50 g Butter, Zimmertemperatur
1 Knoblauchzehe, zerdrückt
2 EL grob gehackter Thymian
1 Vollkornbaguette
Salz und frisch gemahlener
   schwarzer Pfeffer

- Das Öl in einer großen, schweren Pfanne erhitzen und Paprika-schoten, Zwiebel, Knoblauch und Fenchel darin bei mittlerer Hitze unter häufigem Rühren 5 Minuten weich und goldbraun dünsten. Linsen, Brühe und Wein dazugeben und aufkochen lassen. Die Temperatur herunterschalten und 25 Minuten ziehen lassen, bis die Linsen gar sind.

- Den Ofen auf 200 ºC vorheizen. Inzwischen die zimmerwarme Butter mit Knoblauch und Thymian glatt rühren und mit Salz und frisch gemahlenem schwarzem Pfeffer würzen. Das Baguette in fingerbreitem Abstand tief einschneiden, jedoch nicht ganz durchschneiden. Die Butter dick zwischen die Scheiben streichen, dann in Alufolie wickeln und 15 Minuten im Ofen grillen.

- Den Eintopf auf vorgewärmten Tellern anrichten und mit dem heißen Knoblauchbrot servieren.

 Schnelle Suppe mit Tomaten und Puy-Linsen 1 EL Olivenöl in einem Topf zerlassen und 1 fein gehackte Zwiebel darin bei mittlerer Hitze unter häufigem Rühren 5 Minuten glasig dünsten. Je 400 g gehackte Tomaten und Puy-Linsen aus der Dose, abgegossen, und 1 zerdrückte Knoblauchzehe dazugeben und aufkochen lassen. Temperatur herunterschalten und 4 Minuten ziehen lassen. Mit Salz und frisch gemahlenem schwarzem Pfeffer würzen, auf Suppentellern anrichten. 1 EL Schmand darübergeben, mit Basilikumblättern und Brot servieren.

 **Puy-Linsensalat mit getrockneten Tomaten** 200 g abgetropfte Puy-Linsen in einen Topf geben, mit kaltem Wasser übergießen Auf-kochen lassen, Temperatur re-duzieren und 15 Minuten gar ziehen lassen. Abgießen und mit dem Saft von 1 Zitrone, 1 zerdrückten Knoblauchzehe und 4 EL Oliven-öl, Salz und frisch gemahlenem schwarzem Pfeffer mischen. In einer Schüssel mit 280 g gehackten getrockneten Tomaten, 1 kleinen, fein gehackten roten Zwiebel, 1 Handvoll glatter Petersilie (ge-hackt) und frischem Rucola mischen.

QuickFamily
Dessert-
Express

Rezepte nach Zubereitungszeit

3

2

10

20 Brioche mit Ingweraprikosen und Mascarpone

Für 4 Personen

25 g Butter
400 g Aprikosen, entsteint, geviertelt
50 g brauner Zucker
6 EL Ingwersirup
2 cm Ingwer, fein gehackt
250 g Mascarpone
2 EL brauner Zucker
4 Brioche, getoastet

- Die Butter in einer großen, schweren Pfanne erhitzen und die Aprikosen darin bei mittlerer Hitze unter häufigem Rühren 3–4 Minuten gar dünsten. Braunen Zucker darüberstreuen, 1 Minute rühren, dann den Ingwersirup dazugeben und nochmals gut umrühren. 1 Minute weiterdünsten, dann die Pfanne vom Herd nehmen.

- Gehackten Ingwer mit Mascarpone und braunem Zucker verrühren.

- Aprikosen auf getoasteten Brioches anrichten, die Ingwercreme darübergeben, leicht schmelzen lassen und sofort servieren.

Ingweraprikosen mit Amaretti

25 g Butter in einer großen, schweren Pfanne erhitzen und 400 g Aprikosenhälften aus der Dose, abgegossen, darin unter ständigem Rühren bei großer Hitze 2–3 Minuten dünsten. 50 g braunen Zucker darüberstreuen und 2–3 Minuten karamellisieren lassen. 2 EL Orangensaft dazugeben, 1 Minute weiterdünsten, dann auf eine vorgewärmte Servierplatte geben und 8 leicht zerdrückte Amaretti darüberstreuen. Mit griechischem Joghurt servieren.

Nektarinen und Pfirsiche mit Ingwer

100 g Zucker, 3,5 cm Ingwer (geschält und gerieben) und 400 ml Granatapfelsaft in einer großen, schweren Pfanne erhitzen und den Zucker darin zum Schmelzen bringen (etwa 2 Minuten). Aufkochen lassen, dann die Temperatur herunterschalten und 10 Minuten zu Sirup einkochen. 4 Nektarinen und 4 Pfirsiche entsteinen. Die Nektarinen in Spalten zerteilen, die Pfirsiche vierteln und zu dem Sirup geben. Etwas abkühlen lassen, mit 200 g frischen Himbeeren und 2 EL frisch geriebenem Ingwer mischen und mit griechischem Joghurt servieren.

Schichtdessert mit Schokolade und Himbeeren

Für 4 Personen

200 g Zartbitterschokolade,
   in Stücke gebrochen
300 g Sahne
250 g frische Himbeeren
Kakaopulver zum Bestäuben
frische Minzezweige
   zum Garnieren (nach Wunsch)

- Die Schokolade im Wasserbad schmelzen. Zwei Backbleche mit Backpapier auslegen und die Schokolade in zwölf Portionen von etwa 10 cm Ø darauf verteilen. Zum Aushärten in den Kühlschrank stellen oder, wenn es eilt, für 15 Minuten in den Gefrierschrank stellen.

- Inzwischen die Sahne steif schlagen. Die Himbeeren mit einer Gabel zu grobem Püree zerdrücken und unter die Schlagsahne heben.

- Die Schokoladentaler vorsichtig von dem Backpapier abziehen und je einen Taler auf vier gekühlte Servierteller legen. Die Hälfte der Himbeersahne auf der Schokoloade verteilen, einen Schokoladentaler auflegen und den Rest des Pürees darüberlöffeln. Die restlichen Taler auflegen, mit Kakaopulver bestreuen und nach Geschmack mit einem Minzezweig garnieren. Sofort servieren.

Schneller Himbeereisbecher

200 g weiße Schokolade in Stücke brechen und im Wasserbad schmelzen, dabei gut glatt rühren. Inzwischen je 2 Kugeln Vanille- und 1 Kugel Himbeereis auf vier gekühlte Becher oder Schalen verteilen. Einige frische Himbeeren darübergeben und mit der geschmolzenen Schokolade servieren.

Einfaches Himbeer-Sahne-Dessert

250 g frische Himbeeren in eine Bratpfanne geben und mit der Gabel leicht zerdrücken. 150 g Zucker und 2 TL Zitronensaft darüberverteilen und bei mittlerer Hitze etwa 3 Minuten erwärmen, bis der Zucker geschmolzen und die Flüssigkeit leicht eingedickt ist. 300 g Sahne steif schlagen und das Himbeerpüree und 25 g frische Himbeeren darunterheben. Auf Dessertschalen verteilen und sofort servieren.

Käsekuchentörtchen mit Beerenkompott

Für 4 Personen

8 Ingwerkekse
25 g Butter, zerlassen
400 g Frischkäse
75 g Zucker
abgeriebene Schale und Saft
  von 1 Limette
3 EL Sahne
75 g frische Himbeeren
75 g frische Blaubeeren
2 EL Grenadine

- Die Kekse in eine Plastiktüte geben und mit einem Nudelholz zu Krümeln zerdrücken. Mit der zerlassenen Butter in eine Schüssel geben und gut mischen. Auf vier Souffléförmchen verteilen, etwas zusammen drücken und in den Kühlschrank stellen.

- Inzwischen die Füllung zubereiten: Frischkäse, Zucker, Limettenzeste und -saft glatt rühren, die Sahne unterheben und alles auf die Förmchen verteilen. Mit dem Löffel etwas glatt streichen und 5–10 Minuten in den Kühlschrank stellen.

- Inzwischen die Grenadine unter die frischen Beeren heben.

- Das Beerenkompott über die Käsekuchentörtchen geben und sofort servieren.

Käsekuchentörtchen mit roten Beeren

4 EL Zitronencreme (Lemon Curd) aus dem Glas oder Tetrapack mit 400 g Frischkäse verrühren. 1 TL Sommerfrüchtekompott aus dem Glas oder Tetrapack auf 8 Törtchenböden vom Bäcker oder aus dem Supermarkt verteilen. Die Frischkäsemischung und 200 g frische Beeren darüberverteilen, mit Puderzucker bestäuben und servieren.

Himbeer-Käsekuchen mit Himbeerlikör

150 g Vollkornkekse in eine Plastiktüte geben und mit einem Nudelholz zu Krümeln zerdrücken. 25 g geröstete Mandelblättchen und 75 g zerlassene Butter in einer Schüssel verrühren, in eine Pieform (20 cm Ø) drücken und in den Kühlschrank stellen. In der Zwischenzeit 400 g Frischkäse, 75 g Zucker sowie Saft und Schale von 1 Zitrone verrühren. 150 g Sahne halbfest schlagen, unterheben, die Mischung auf dem Keksboden verteilen und wieder in den Kühlschrank stellen. 300 g frische Himbeeren mit 2 EL Puderzucker in einem Topf erwärmen und dabei leicht mit der Gabel zerdrücken. 2–3 EL Himbeerlikör dazugeben und gut umrühren. Das Püree auf den Käsekuchen geben und sofort servieren.

Birnen-Crumble mit Schokolade

Für 4 Personen

800 g Birnen aus der Dose,
  abgegossen
5 EL brauner Zucker
250 g Mehl
100 g Butter (Zimmertemperatur),
  in Würfeln
100 g brauner Rohrzucker
100 g Milchschokolade, grob gehackt
1 EL Puddingpulver
2 EL Kakaopulver
1 EL Zucker
300 ml Milch

- Den Ofen auf 220 ºC vorheizen. Birnen grob hacken, gut in braunem Zucker wenden und in eine große Auflaufform geben.

- Mehl und Butter im Mixer zu groben Streuseln verarbeiten. In eine Schüssel geben, mit braunem Zucker und gehackter Schokolade mischen.

- Die Streuselmischung über die Birnen streuen und 10–12 Minuten im Ofen goldbraun überbacken.

- Inzwischen Pudding- und Kakaopulver mit Zucker in einer hitzebeständigen Schüssel mit 1 EL Milch glatt rühren. Die restliche Milch fast bis zum Siedepunkt erhitzen, zu der Puddingmischung geben, gut verrühren, dann in den Topf zurückgeben und unter häufigem Rühren erhitzen, bis die Vanillesauce sämig geworden ist.

- Das Streuseldessert mit der heißen Vanillesauce servieren.

Heiße Birnen mit Schokoladensauce

800 g Birnen aus der Dose abgießen und halbieren. 25 g Butter in einem Topf erhitzen und bei großer Hitze unter häufigem Rühren 2 Minuten weich dünsten. 1 EL braunen Zucker darüberstreuen und 1 Minute weiterrühren. 75 g grob gehackte Zartbitterschokolade und 2 EL Sahne dazugeben, die Temperatur herunterschalten und weiterrühren, bis die Schokolade geschmolzen und die Sauce glatt ist. Sofort servieren.

Schoko-Birnen-Kekse

Den Ofen auf 220 ºC vorheizen. 250 g Mehl und 100 g grob gewürfelte Butter (Zimmertemperatur) im Mixer mithilfe der Intervallschaltung zu groben Streuseln verarbeiten. Zuerst 1 Ei dazugeben, kurz mixen, dann 100 g sehr grob gehackte Milchschokolade und 1 geschälte, grob gehackte kleine Birne dazugeben und jeweils kurz mixen. Die Mischung zu 15 Kugeln formen, auf ein leicht gefettetes Backblech setzen und mit der Gabel ein wenig flachdrücken. 12 Minuten im Ofen goldbraun backen und warm servieren.

Himbeer-Milchreis-Brûlée

Für 4 Personen

100 g frische Himbeeren
1 EL Zucker
1 EL Wasser
400 g Milchreis aus dem Kühlregal
    oder Tetrapack
4 EL Sahne
125 g brauner Zucker

- Den Ofengrill auf 220 °C vorheizen. Die Himbeeren mit dem Wasser und dem Zucker in einen Topf geben und 2 Minuten weich dünsten. Auf vier Souffléförmchen verteilen.

- Milchreis und Sahne 2 Minuten in einem Topf erhitzen, über die Himbeeren geben, dick mit dem braunen Zucker bestreuen und glatt streichen.

- Die Souffléförmchen auf ein tiefes Backblech setzen und für 1–2 Minuten unter den Grill stellen, bis der Zucker karamellisiert ist. Sofort servieren.

Crème Brûlée mit Himbeeren 100 g frische Himbeeren mit je 1 EL Zucker und Wasser in einen Topf geben und 2 Minuten schwach erhitzen, bis die Himbeeren weich geworden sind, dann auf vier Souffléförmchen verteilen. 300 ml Milch aufkochen lassen. Inzwischen 2 Eigelb, je 4 EL Zucker und Sahne und 1 EL Speisestärke in einer hitzebeständigen Schüssel verquirlen. Die heiße Milch dazugeben und den Topf ausspülen. Die Creme unter ständigem Rühren erhitzen, bis sie abgebunden hat, dann über die Himbeeren gießen. 100 g braunen Zucker darüberstreuen und mit einem Küchen-Gasbrenner karamellisieren. Sofort servieren.

Vanillemilchreis mit Himbeerkompott 250 g Risottoreis mit 600 ml Milch, 300 g Sahne und 1 der Länge nach halbierten Vanilleschote aufkochen, dann 125 g braunen Zucker dazugeben. Die Temperatur herunterschalten und den Reis zugedeckt 20–25 Minuten gar ziehen lassen. Inzwischen 200 g Himbeeren mit 50 g Zucker und 1 EL Wasser in einem Topf unter häufigem Rühren 2–3 Minuten weich dünsten. Die Vanilleschote herausnehmen und den Milchreis auf vorgewärmte Dessertschalen verteilen, das Himbeerkompott darüberlöffeln und sofort servieren.

Weiße Schokoladencreme
mit Himbeeren

Für 4 Personen

150 g weiße Schokolade,
   in Stücke gebrochen,
300 g Sahne
200 g Crème fraîche
125 g frische Himbeeren,
   leicht zerdrückt
geraspelte weiße und dunkle
   Schokolade zum Garnieren

- Die weiße Schokolade und 8 EL der Sahne unter häufigem Rühren sanft erhitzen, bis die Schokolade geschmolzen und die Mischung galtt und sämig ist. Den Topf vom Herd nehmen.

- Die restliche Sahne in einer Plastikschüssel steif schlagen und zuerst die Crème fraîche, dann die warme Schokoladenmischung unterheben. Zuletzt die Himbeeren unterheben. Die Schüssel für 5 Minuten in den Gefrierschrank stellen.

- Die Schokoladencreme auf vier Dessertschalen verteilen und mit geraspelter Schokolade bestreut servieren.

Himbeer-Sahne-Dessert mit weißer Schokolade 300 g Sahne steif schlagen. 150 g weiße Schokolade grob hacken und zu der Sahne geben. 100 g frische Himbeeren mit der Gabel leicht zerdrücken und mit der Schokolade unter die Sahne heben. Auf vier Schälchen verteilen und sofort servieren.

Vanillecreme mit Erdbeeren
400 g geputzte Erdbeeren mit 50 g Zucker im Mixer pürieren, dann in den Kühlschrank stellen. 150 Sahne leicht steif schlagen, 25 g Zucker und ½ TL Vanilleextrakt unterheben. Erdbeerpüree und Sahne schichtweise auf vier Dessertschalen verteilen und bis

zum Servieren in den Kühlschrank stellen. Mit einigen ganzen Erdbeeren und, nach Geschmack, mit Löffelbiskuits servieren.

30 Heiße Gewürzpflaumen mit Eis

Für 4 Personen

750 g reife Pflaumen, entsteint
   und halbiert
100 g Zucker
½ TL Zimtpulver
½ TL gemahlener Ingwer
3 EL Wasser
Eis zum Servieren
   (Geschmacksrichtung nach Wahl)

- Alle Zutaten außer der Eiscreme in einem großen, schweren Topf aufkochen lassen. Die Temperatur herunterschalten und die Pflaumen zugedeckt 15–20 Minuten gar ziehen lassen.

- Die Pflaumen in eine Servierschüssel geben und vor dem Servieren 5 Minuten abkühlen lassen.

- Mit Eis servieren.

 **Karamellisierte Pflaumen, Aprikosen und Pfirsiche** Insgesamt 750 g Pflaumen, Aprikosen und Pfirsiche waschen, entsteinen und halbieren. Eine große, schwere Pfanne erhitzen, inzwischen die Früchte mit der Schnittseite in einen Teller mit Zucker tauchen. Dann mit der Zuckerseite nach unten in der Pfanne 3–5 Minuten goldbraun dünsten. Etwas abkühlen lassen, mit griechischem Joghurt und flüssigem Honig servieren.

 **Obstkompott in Honig und Mascarpone** Je 2 Pflaumen und Aprikosen halbieren und entsteinen, 1 Kiwi schälen und in Scheiben schneiden sowie 250 g Kirschen halbieren und entsteinen. Alles zusammen in eine Schüssel geben und gut mischen. 250 g Mascarpone mit 2 EL flüssigem Honig, ½ TL Vanilleextrakt und dem ausgekratzten Mark von 1 Vanilleschote glatt rühren. Das Obstkompott auf Schalen verteilen und die Mascarponecreme dazureichen.

# Aprikosen mit Zitronencreme und Amaretti

Für 4 Personen

500 g Aprikosen, entsteint
   und halbiert
4 EL brauner Zucker
1 Vanilleschote,
   der Länge nach halbiert
5 EL Wasser
abgeriebene Schale von
   1 Zitrone
200 g Crème fraîche

Für die Amaretti
1 Eiweiß
75 g gemahlene Mandeln
50 g Zucker

- Die Aprikosen mit braunem Zucker, Vanilleschote und Wasser aufkochen lassen. Die Temperatur herunterschalten und die Aprikosen zugedeckt 15 Minuten ziehen lassen, bis diese weich, aber noch nicht zerfallen sind.

- Den Ofen auf 190 ºC vorheizen. Inzwischen die Amaretti zubereiten: Eiweiß in einer fettfreien Schüssel steif schlagen, gemahlene Mandeln und Zucker unterheben. Ein Backblech mit Backpapier auslegen, mit einem Esslöffel Häufchen abstechen und auf das Blech setzen. Ausreichend Abstand dazwischen lassen.

- Die Amaretti im Ofen 10 Minuten leicht goldbraun backen. 5 Minuten abkühlen lassen, dann von dem Backpapier abziehen und auf einem Kuchenrost auskühlen lassen.

- Die Zitronenzeste mit Crème fraîche glatt rühren. Die Vanilleschote herausnehmen und Aprikosen auf Dessertschalen anrichten. Mit Zitronencreme und Amaretti servieren.

 Baisertörtchen mit Aprikosen und Pfirsichen Je 2 EL Sahne auf 4 Baisertörtchen vom Bäcker oder aus dem Supermarkt verteilen. 400 g Aprikosen aus der Dose, abgegossen, in dünne Scheiben schneiden und auf der Sahne anrichten. Mit 1 frischen Minzezweig garnieren und servieren.

 **Heißer Brötchen- pudding mit Aprikosen** Den Ofen auf 180 ºC vorheizen. 4 Brötchen in grobe Würfel schneiden und in eine ofenfeste Form geben. 6 EL Aprikosenkonfitüre und 400 g Vanillepudding aus dem Glas oder Tetrapack darüberverteilen, 10–15 Minuten im Ofen backen und sofort servieren.

Warmes Früchtebrot mit roten Beeren und Crème fraîche

Für 4 Personen

2 Eier

4 EL Milch

25 g Zucker

½ TL Zimtpulver

25 g Butter

4 dicke Scheiben Früchtebrot

125 g gemischte frische Beeren

8 EL Crème fraîche

Puderzucker zum Bestäuben

Ahornsirup zum Beträufeln

- Die Eier mit Milch, Zucker und Zimtpulver verquirlen. Butter in einem großen, schweren Topf erhitzen. Je zwei Früchtebrotscheiben auf beiden Seiten leicht in der Eimischung einweichen, dann in einer schweren Bratpfanne bei mittlerer Hitze je 1–2 Minuten pro Seite goldbraun braten. Warm halten.

- Inzwischen die Hälfte der Beeren unter die Crème fraîche rühren.

- Die Beerensahne auf die heißen Toasts löffeln, mit restlichen Beeren bestreuen und mit Ahornsirup servieren.

 **Warme Eier-Brioche mit Schokolade und Himbeeren** 2 Eier, 4 EL Kakaopulver, 25 g Zucker und ½ TL Zimtpulver in einer Schüssel verquirlen. 25 g Butter in einer großen, schweren Pfanne erhitzen. 4 dicke Scheiben Weißbrot auf beiden Seiten leicht in der Eimischung einweichen und in zwei Portionen je 1–2 Minuten pro Seite bei mittlerer Hitze goldbraun braten. Warmhalten. 125 g gehackte Zartbitterschokolade mit 6 EL Sahne und 15 g Butter unter häufigem Rühren in einem Topf erhitzen, bis die Schokolade geschmolzen ist. Die Brioche mit dickflüssiger Sahne übergießen, 75 g frische Himbeeren und 50 g grob gehackte Zartbitterschokolade darüberstreuen. Mit der Schokoladensauce servieren.

 **Brot-Butter-Pudding mit roten Beeren** Den Ofen auf 200 ºC vorheizen. 8 Scheiben Früchtebrot dünn mit Butter bestreichen und abwechselnd mit 125 g gemischten Beeren (aufgetaut, wenn tiefgekühlt) in eine flache Auflaufform schichten. 3 Eier, 450 ml Milch, 50 g Zucker und ½ TL Zimtpulver verquirlen und in die Auflaufform gießen. 20 Minuten im Ofen goldbraun backen und mit 2 EL braunem Zucker servieren.

Mousse au Chocolat
mit Pistazieneis

Für 6 Personen

200 g Zartbitterschokolade,
  in Stücke gebrochen
200 g Butter, in Würfeln
3 Eier
75 g Zucker
Puderzucker zum Bestäuben
Pistazien- oder Vanilleeis

- Schokolade und Butter unter häufigem Rühren im Wasserbad schmelzen, dann vom Herd nehmen.

- Den Ofen auf 150 °C vorheizen. Eier und Zucker schaumig schlagen und vorsichtig unter die Schokolade heben.

- Den Teig auf sechs Souffléförmchen verteilen, auf ein Backblech stellen und 7 Minuten im Ofen stocken lassen, bis die Mousse gerade fest geworden ist.

- 10 Minuten abkühlen lassen, dann mit Puderzucker bestäuben, je eine Kugel Vanille- oder Pistazieneis auf jedes Förmchen setzen und sofort servieren.

 Eispresso mit Schokosauce Je 1 Kugel Vanilleeis in sechs kleine Gläser geben. Mit je 1 Schuss Schokoladensauce aus dem Glas und 1 Portion heißen Espresso (bzw. Kakao für die Kinder) übergießen und sofort servieren.

 **Vanilleeis mit Bananen und Schokoladensauce** Je 50 g Butter, Kakaopulver, braunen Zucker und weißen Zucker in einen Topf geben. 200 ml Milch und ½ TL Vanilleextrakt dazugeben und bei mittlerer Hitze unter häufigem Rühren aufkochen, dann ziehen lassen, bis die Sauce abgebunden hat. Eine Banane in Scheiben schneiden, mit Vanilleeis auf sechs Dessertbecher verteilen und mit der Schokoladensauce servieren.

Schichtdessert Banoffee

Für 4 Personen

6 Vollkornkekse
2 große Bananen
50 g Butter
50 g brauner Zucker
150 g Sahne
200 g Crème fraîche
geriebene Zartbitterschokolade
   zum Garnieren

- Die Kekse in eine Plastiktüte geben und mit der Kuchenrolle zu Krümeln zerdrücken. Auf vier hohe Gläser verteilen und ein wenig andrücken.

- Eine Banane mit der Gabel zerdrücken und das Püree ebenfalls auf die Gläser verteilen.

- Die Butter in einem kleinen Topf erhitzen und den Zucker bei mittlerer Hitze unter häufigem Rühren darin auflösen. Die Sahne dazugeben und noch 1–2 Minuten weiterrühren, bis die Sauce sämig geworden ist. Vom Herd nehmen und 1 Minute abkühlen lassen, dann auf die Gläser verteilen.

- Die zweite Banane zerdrücken und auf der Karamellsacue in den Gläsern verteilen. Zuletzt die Crème fraîche darübergeben, mit geriebener Zartbitterschokolade garnieren und servieren.

Banoffee mit Datteln 300 g Sahne steif schlagen. 4 Baiserböden, 4 in Scheiben geschnittene Bananen und 1 Handvoll entsteinter Datteln unter die Sahne heben. 4 EL Toffeesauce darüberträufeln und die Mischung auf vier Dessertschalen verteilen. Mit Pekannüssen und Toffeesauce ganieren und servieren.

Schneller Banoffee-Pie Eine Pieform (20 cm Ø) mit Küchenfolie auslegen. 150 g entsteinte Datteln und 250 g ganze blanchierte Mandeln im Mixer pürieren. Die Mischung auf der Pieform verteilen, etwas andrücken und für 10 Minuten in den Gefrierschrank stellen. 300 g griechischen Joghurt in eine flache Schale geben, mit 2 EL braunem Zucker bestreuen und 5 Minuten in den Kühlschrank stellen. Den Pieboden von der Folie lösen, auf eine Kuchenplatte legen. 2 in Scheiben geschnittene Bananen darauf verteilen. Den Zucker leicht mit dem Joghurt verrühren und auf die Pieform gießen, jedoch nicht glatt streichen. Mit geriebener Zartbitterschokolade bestreuen und servieren.

Obst-Crumble mit Haferflocken

Für 4 Personen

4 Bratäpfel, geschält
   und grob gehackt
2 EL brauner Zucker
2 EL feiner Zucker
3 EL Wasser
200 g Brombeeren
100 g Mehl
75 g Butter, in Würfeln
100 g Haferflocken
100 g brauner Rohrzucker
½ TL Zimtpulver
Eis, Schlagsahne
   oder Crème fraîche

- Die Äpfel mit dem braunen Zucker, dem feinen Zucker und dem Wasser in einem schweren Topf bei mittlerer Hitze unter häufigem Rühren 5–8 Minuten weich dünsten. Die Brombeeren unterheben, den Deckel auflegen und den Topf vom Herd nehmen. Warm halten.

- Den Ofen auf 200 ºC vorheizen. Das Mehl mit der Butter zwischen den Fingern zu groben Streuseln verreiben. Die Haferflocken, den braunen Zucker und das Zimtpulver dazugeben und gut mischen. Die Mischung in eine Auflaufform geben und 10–15 Minuten im Ofen goldbraun backen, zwischendurch einmal umrühren.

- Die Obstmischung auf vorgewärmte Dessertschalen verteilen und mit der warmen Streuselmischung bestreuen. Eis, Schlagsahne oder Crème fraîche dazuservieren.

 **Kompott aus Sommerfrüchten**

400 g Äpfel oder Birnen aus der Dose abtropfen lassen und grob hacken. In einen Topf geben und mit 3 EL braunem Zucker bei mittlerer Hitze unter häufigem Rühren 3–4 Minuten dünsten. 300 g griechischen Joghurt auf vier Dessertschalen anrichten. Das warme Kompott darübergeben, leicht mischen und mit Löffelbiskuits servieren.

Streuseldessert mit Sommerfrüchten

Den Ofen auf 220 ºC vorheizen. 200 g gemischte TK-Sommerfrüchte (aufgetaut) auf vier Souffléförmchen verteilen. Je 2 TL Vanillezucker und 1 TL Speisestärke dazugeben und kurz umrühren. Je 1–2 EL Streuselmischung aus dem Kühlregal darübergeben, die Förmchen auf ein Backblech stellen und 15 Minuten im Ofen goldbraun backen. Mit Vanilleeis servieren.

Gebratene Ananas
mit Rumrosinen

Für 4 Personen

½ Ananas, geschält,
in dünnen Scheiben
25 g Butter
2 EL brauner Zucker
4 EL Rum
4 EL Rosinen
Eis (Geschmacksrichtung
nach Wahl)

- Die Ananasringe halbieren. Die Butter in einer großen, schweren Pfanne erhitzen und die Ananas darin bei großer Hitze 2–3 Minuten auf jeder Seite goldbraun dünsten. Den Zucker darüberstreuen, gut wenden und noch 1 Minute dünsten, dann Rum und Rosinen dazugeben. Unter Rühren noch 2 Minuten weiterdünsten.

- Die heiße Ananas auf vier Dessertschalen verteilen und mit Eis (z. B. Vanillegeschmack) servieren.

Schnelles Pfannen-Kompott mit Ananas, Mango und Maracuja 25 g Butter in einer großen, schweren Pfanne erhitzen und 200 g küchenfertige, frische Ananas, Mango und Maracuja bei großer Hitze unter häufigem Rühren 3–4 Minuten dünsten. 2 EL braunen Zucker und 1 TL Gewürzmischung darüberstreuen und noch 2 Minuten weiterdünsten. Noch heiß mit flüssiger Sahne servieren.

Flambierte Ananas 1 Ananas schälen, in Scheiben schneiden und das Mittelstück entfernen. 50 g Butter in einer großen, schweren Pfanne erhitzen und die Ananas darin portionsweise in 1½ Minuten auf jeder Seite braten. In eine Schüssel geben. Das ausgekratzte Mark von 1 Vanilleschote, 50 g braunen Zucker und den Saft von 1 Orange in die Pfanne geben und erhitzen, bis der Zucker aufgelöst ist. Ananas mit dem ausgetretenem Saft wieder in die Pfanne geben, heiß werden lassen, dann mit 3 EL Rum übergießen und flambieren. Die Pfanne vom Herd nehmen. Wenn die Flammen erloschen sind, mit flüssiger Sahne servieren.

 # Rhabarber-Ingwer-Törtchen

Für 4 Personen

750 g Mürbeteig aus dem Kühlregal
Mehl zum Bestäuben
getrocknete Hülsenfrüchte
   zum Blindbacken
500 g Rhabarber,
   geputzt, grob gehackt
50 g Zucker
5–6 cm Ingwer, gehackt
1 Prise gemahlener Ingwer
2 EL Ingwersirup
15 g Butter
Eis oder Crème fraîche

- Den Ofen auf 200 °C vorheizen. Den Teig auf einer leicht bemehlten Arbeitsfläche ausrollen und vier Törtchenformen (à 10 cm Ø) damit auslegen. Den Boden jeweils mehrmals mit einer Gabel einstechen.

- Eine leicht zerknüllte Lage Backpapier über jedes Törtchen legen und mit Hülsenfrüchen zum Blindbacken füllen. 15 Minuten backen, dann Papier und Hülsenfrüchte entfernen und weitere 2–3 Minuten goldbraun backen.

- Inzwischen den Rhabarber mit den restlichen Zutaten (mit Ausnahme der Eiscreme bzw. Crème fraîche) in einem schweren Topf und unter häufigem Rühren 5 Minuten erhitzen. Die Temperatur herunterschalten und den Rhabarber 10 Minuten gar ziehen lassen.

- Die Törtchenböden aus der Form nehmen und auf Desserttellern anrichten. Mit dem warmen Rhabarberkompott füllen und sofort mit Eis oder Crème fraîche servieren.

1 Rhabarber-Ingwer-Kompott

500 g geputzten Rhabarber in 5 mm breite Stücke hacken. Mit 150 g Zucker, 5–6 cm fein gehacktem Ingwer und 2 TL Vanilleextrakt aufkochen und en Zucker darin unter Rühren auflösen. Den Deckel halb auflegen und 3 Minuten ziehen lassen, dann abnehmen und noch 2 Minuten schwach kochen, bis der Rhabarber gar ist. In einen Krug gießen und etwas abkühlen lassen. Zu Vanillepudding oder Eis servieren.

2 Rhabarber-Ingwer-Trifle

 6 geputzte und grob gehackte Rhabarberstangen mit 100 ml Wasser und 150 g Zucker aufkochen lassen und bei mittlerer Hitze unter häufigem Rühren 5 Minuten garen. Abgießen, die Flüssigkeit aufbewahren, und 5 Minuten abkühlen lassen. Den Rhabarbersaft mit 2 EL Grand Marnier verrühren. 250 g Mascarpone, 150 g griechischen Joghurt und 50 g Puderzucker glatt rühren. ½ Ingwer- oder Sandkuchen mit Rum- und Ingweraroma in acht Stücke schneiden. Je 1 Scheibe in ein Weinglas legen und mit so viel Rhabarbersaft beträufeln, wie der Kuchen aufsaugen kann. Je 1 Löffel Rhabarberkompott in jedes Glas geben, die zweite Kuchenscheibe auflegen und wieder mit dem Saft tränken. Das restliche Kompott auf die Gläser verteilen. Zuletzt die Mascarponecreme darübergeben und mit gerösteten Mandelblätchen und gehacktem Ingwer servieren.

Warmer Kokosmilchreis mit Mango und Limetten

Für 4 Personen

150 g Risottoreis
75 g Zucker
300 ml Milch
400 ml Kokosmilch
½ Mango, entsteint, geschält,
   grob gehackt
abgeriebene Schale und Saft
   von 1 Limette

- Den Reis mit Zucker, Milch und Kokosmilch in einen schweren Topf geben und aufkochen lassen. Die Temperatur herunterschalten und den Reis 20 Minuten gar ziehen lassen.

- Inzwischen die Mango gut in der abgeriebenen Schale und dem Saft der Limette wenden.

- Den Milchreis auf Dessertschalen verteilen, das Mangokompott darüberlöffeln und sofort servieren.

 Milchreis mit Mango und Kokosflocken

800 g Milchreis aus dem Kühlregal oder Tetrapack mit ½ geschälten und grob gehackten Mango und 3 EL Kokosflocken gut verrühren und auf Dessertschalen verteilen. Mit Kokosflocken servieren.

 **Kokosmilchreis mit karamellisierten Bananen** 125 g Risottoreis mit 5 g Zucker, 300 ml Milch und 400 ml Kokosmilch in einem schweren Topf aufkochen. Die Temperatur reduzieren und den Reis 20 Minuten gar ziehen lassen. Inzwischen 4 feste Bananen der Länge nach halbieren und mit 1 EL braunem Zucker und 1 TL Zimtpulver bestreuen. Eine große, schwere Pfanne erhitzen und die Bananen darin bei großer Hitze 2 Minuten pro Seite braten, bis der Zucker karamellisiert ist. Den Milchreis auf Tellern anrichten und je ½ Banane darauflegen.

Warmer Sandkuchen
mit Pflaumen-Beeren-Kompott

Für 4 Personen

25 g Butter

2 Pflaumen, eintsteint, grob gehackt

200 g frische Erdbeeren,
   geputzt und halbiert

50 g Zucker

½ TL Zimtpulver

125 g frische Himbeeren

4 dicke Scheiben Sandkuchen

2 EL Puderzucker

- Butter in einem schweren Topf zerlassen und die Pflaumen darin bei mittlerer Hitze unter häufigem Rühren 2 Minuten garen. Erdbeeren, Zucker und Zimtpulver sowie 2 EL Wasser dazugeben und unter häufigem Rühren noch 2 Minuten kochen. Die Himbeeren unterheben.

- Inzwischen eine große Grillpfanne erhitzen. Den Sandkuchen von einer Seite in Puderzucker tauchen und mit der Zuckerseite nach unten 1 Minute goldbraun grillen, dann die andere Seite in den restlichen Puderzucker tauchen und noch 1 Minute grillen.

- Den warmen Kuchen mit dem warmen Kompott servieren.

Trifle mit Pflaumen, Beeren und Sandkuchen 25 g Butter in einem schweren Topf zerlassen und 2 entsteinte und grob gehackte Pflaumen darin bei mittlerer Hitze unter häufigem Rühren 2 Minuten dünsten. 200 g geputzte, halbierte Erdbeeren, 50 g Zucker, ½ TL Zimtpulver und 1 EL Wasser dazugeben und die Pflaumen unter häufigem Rühren gar dünsten. 5 Minuten abkühlen lassen. Das Kompott in eine Glasschüssel geben und 4 in grobe Stücke geschnittene Scheiben Sandkuchen daraufgeben. Mit 2 EL Cream Sherry beträufeln und 400 ml Vanillesauce aus dem Glas oder Tetrapack darüberverteilen. Mit 2 EL Crème fraîche und frischen, geviertelten Erdbeeren garniert servieren.

Warmer Sandkuchen mit Pflaumenkompott und Marzipan Den Ofengrill auf 190 ºC vorheizen. 25 g Butter in einem Topf zerlassen und 6 entsteinte und grob gehackte Pflaumen darin bei mittlerer Hitze unter häufigem Rühren 2 Minuten dünsten. 50 g Zucker, ½ TL Zimtpulver und 1 EL Wasser zugeben und noch 2 Minuten weiterdünsten, bis die Pflaumen gar sind. Das Kompott in eine flache Auflaufform geben und 4 in grobe Stücke geschnittene Scheiben Sandkuchen darauf verteilen, dann mit 150 g geriebenem Marzipan bestreuen. Auf der obersten Ofenschiene 15 Minuten grillen, bis das Marzipan oben goldbraun ist.

 # Biskuitgebäck mit Rübensirup

Für 4 Personen

100 g Butter (Zimmertemperatur)
100 g brauner Zucker
100 g Mehl
1 TL Backpulver
1 TL Gewürzmischung
1 Ei, verquirlt
4 EL heller Rübensirup
Butter zum Einfetten
Vanillepudding

- Vier Souffléförmchen (à 50 ml Fassungsvermögen) leicht einfetten und mit Backpapier auslegen. Butter und Zucker schaumig rühren, Mehl und Gewürze hineinsieben, das Ei dazugeben und alles im Mixer zu einem glatten Teig verarbeiten.

- Den Teig auf die Souffléförmchen verteilen. Jedes Förmchen oben mit Backpapier abdecken und zusammen bei großer Hitze in der Mikrowelle 2–2 ½ Minuten backen, dann 3–4 Minuten ruhen lassen, um den Backvorgang abzuschließen.

- Die warmen Kuchen auf Dessertteller stürzen und mit je 1 EL Sirup beträufeln. Mit Vanillesauce servieren.

 ### Warmer Sandkuchen mit hellem Rübensirup

1 Sandkuchen in grobe Stücke schneiden und in eine Auflaufform geben. 5 EL hellen Rübensirup mit 25 g Butter und 2 EL braunem Zucker in einen Topf geben und unter Rühren 2 Minuten erhitzen, bis sich der Zucker gut mit der Butter vermischt hat. Über den Sandkuchen geben und 1 Minute bei großer Hitze in der Mikrowelle erwärmen. Noch warm mit Eis servieren.

 ### Biskuitkuchen mit hellem Rübensirup

Den Ofen auf 180 °C vorheizen. Eine flache Backform leicht einfetten und mit 6 EL hellem Rübensirup beträufeln. Nach und nach je 100 g zimmerwarme Butter und Zucker, 2 verquirlte Eier, 1 TL Vanilleextrakt, 100 g Mehl und 1 TL Backpulver im Mixer auf der Intervallstufe zu Teig verarbeiten In die Backform geben und im Ofen 25 Minuten goldbraun backen. Mit Vanillesauce aus dem Glas oder Tetrapack servieren.

30 Warmer Schokoladenkuchen (Moelleux au Chocolat)

Für 4 Personen

75 g Butter (Zimmertemperatur)
75 g brauner Zucker
3 Eier
70 g Mehl
3 EL Kakaopulver
½ TL Backpulver
Puderzucker, zum Bestäuben
Eis oder Schlagsahne

Für die Sauce
2 EL Kakaopulver
50 g brauner Zucker
250 ml kochendes Wasser

- Den Ofen auf 200 ºC vorheizen. Eine 600-ml-Auflaufform mit etwas Butter einfetten. Die restliche Butter, den braunen Zucker und die Eier in eine Schüssel geben und das Mehl, Kakaopulver und Backpulver darübersieben und alle Zutaten zu einem glatten Teig verarbeiten. Den Teig in die Auflaufform geben und glatt streichen.

- Für die Sauce Kakaopulver und Zucker mit ein wenig Wasser glatt rühren, dann nach und nach das restliche Wasser dazugeben und glatt rühren.

- Die Sauce über den Teig geben und 15 Minuten backen, bis der Pudding aufgegangen ist. Mit Puderzucker bestreuen und mit Eis oder flüssiger Sahne servieren.

1 Heißer Schokoladenkuchen mit Schokoladensauce 4 Muffins oder kleine Schokoladenkuchen vom Bäcker oder aus dem Kühlregal 1 Minute in der Mikrowelle erwärmen. Inzwischen 1 TL Orangenzeste mit 100 g Mascarpone glatt rühren. Die Schokoladensauce wie oben zubereiten. Den warmen Kuchen mit der Schokoladensauce und 1 Löffel Orangenmascarpone servieren.

2 Schokopfannkuchen mit heißer Schokoladensauce 100 g Mehl, 1 EL Kakaopulver, 1 Ei und 200 ml Milch im Mixer zu einem glatten Pfannkuchenteig verarbeiten. Ein wenig Pflanzenöl in einer großen, schweren Pfanne erhitzen und je 100 ml Teig portionsweise bei mittlerer Hitze je 1–2 Minuten backen, dabei jeweils einmal wenden. Warm halten. Die Schokoladensauce wie oben zubereiten. Die Pfannkuchen mit der Sauce und mit Puderzucker zu Eis servieren.

30 Tarte Tatin mit Karamellbirnen

Für 4–6 Personen

Butter zum Einfetten
800 g Birnen aus der Dose,
   abgegossen
5 EL Karamellcreme
   (Dulce de Leche)
400 g Mürbeteig aus dem Kühlregal
Mehl zum Bestäuben
Eis oder Schlagsahne

- Den Ofen auf 220 ºC vorheizen. Eine Springform (23 cm Ø) leicht einfetten und mit Backpapier auslegen.

- Die Birnen mit der Karamellcreme in einen Topf geben und die Birnen bei niedriger Hitze 1–2 Minuten gut in der Sauce wenden, dann gleichmäßig auf dem Boden der Springform verteilen.

- Den Mürbeteig auf einer leicht bemehlten Arbeitsfläche zu einem Kreis ausrollen, der etwas breiter ist als die Springform. Die Birnen damit bedecken und den überstehenden Teig nach oben biegen.

- Die Tarte 20 Minuten im Ofen goldbraun backen, dann mit einem Messer vom Rand der Springform lösen und auf eine Platte stürzen. Mit Eis oder flüssiger Sahne servieren.

1 Karamellbirnen aus der Pfanne

25 g Butter in einer großen, schweren Pfanne erhitzen. 800 g Birnen aus der Dose, abgegossen, vierteln und in eine Schüssel geben. Die Birnen in 5 EL Karamellcreme wenden, dann in der Pfanne weich dünsten, bis die Sauce sprudelnd zu kochen beginnt. Mit Karamell- oder Toffeesauce zu Eis servieren.

2 Karamellbirnen- törtchen

Den Ofen auf 200 ºC vorheizen. Mithilfe einer Untertasse oder einer kleinen Schüssel im ausgerollten Mürbeteig (aus dem Kühlregal) 4 Kreise mit 10 cm Ø ausstechen und auf ein gefettetes Backblech legen. Mit einer Gabel mehrmals einstechen und im Ofen 10 Minuten goldbraun backen, abkühlen lassen und auf einen Servierteller legen. Inzwischen 400 g Birnen aus der Dose, abgegossen, grob hacken oder in dünne Scheiben schneiden. 25 g Butter in einem Topf erhitzen und die Birnen bei mittlerer Hitze 2 Minuten dünsten, 3 EL braunen Zucker darüberstreuen und nochmals 1 Minute dünsten. 2 EL Sahne dazugeben und gut rühren. Die Karamellbirnen auf die Törtchen legen und nach Geschmack mit Eis servieren.

 # Trifle mit Scones, Mascarpone und Erdbeeren

Für 4 Personen

200 g frische Erdbeeren,
   geputzt und geviertelt zzgl.
   4 Erdbeeren zum Garnieren
4 EL Erdbeerkonfitüre
4 EL Mascarpone
2 Scones, halbiert

- Die Erdbeeren in eine Schüssel geben und mit der Erdbeerkonfitüre mischen. Die Hälfte der Erdbeeren auf vier Gläser verteilen und je 1 EL Mascarpone und eine Scone-Hälfte daraufgeben.

- Die restlichen Erdbeeren auf die Gläser verteilen und jedes mit einer halbierten Erdbeere dekorieren.

 Beeren-Trifle mit Scones 250 g Erdbeeren, 150 g Himbeeren und 4 EL Erdbeer- oder Himbeerkonfitüre in eine Schüssel geben, alles gut durchmischen, dann in eine Glasschüssel geben. 4 Scones grob hacken und darüberverteilen. 6 EL Fruchtsaft nach Geschmack darüberträufeln. Erst 600 ml kalte Vanillesauce aus dem Glas oder Tetrapack, dann 400 g Crème fraîche darübergießen. Nach Geschmack mit halbierten Erdbeeren dekorieren.

 **Sommerauflauf mit Beeren und Scones** Den Ofen auf 190 ºC vorheizen. 500 g TK-Beeren mit 125 g Zucker und 4 EL Fruchtsaft nach Geschmack oder Wasser zusammen aufkochen lassen, dann in eine große, flache Auflaufform geben. 4 Scones halbieren und mit der aufgschnittenen Seite nach unten auf das Beerenkompott legen. Mit 5 EL braunem Rohrzucker und ½ TL Zimtpulver bestreuen. 15 Minuten im Ofen backen und mit Vanillesauce servieren.

 Schnelles Apfel-Streusel-Dessert

Für 4 Personen

25 g Butter

2 große Kochäpfel,
   geschält, grob gehackt

4 EL brauner Zucker

4 EL Sahne

8 EL Haferflocken

2 EL Mandelblättchen

Sahne (nach Wunsch)

- Die Butter in einer großen, schweren Pfanne erhitzen und die Äpfel darin bei mittlerer Hitze unter gelegentlichem Rühren 5–6 Minuten weich und goldbraun dünsten.

- Den Zucker dazugeben und noch 1 Minute weiterdünsten, dann die Sahne dazugeben und 1 Minute weiterrühren, bis die Sauce karamellisiert ist, die Äpfel aber noch nicht zerfallen sind.

- Das Apfelkompott auf vier vorgewärmte Dessertschalen verteilen. Haferflocken und Mandeln mischen und über das Kompott geben. Nach Geschmack mit etwas flüssiger Sahne servieren.

 Warmes Apfel-Streusel-Dessert mit Himbeeren Den Ofengrill auf 180 °C vorheizen. 400 g stückiges Apfelmus aus dem Glas oder Tetrapack mit 100 g frischen Himbeeren mischen und auf vier Souffléförmchen verteilen. 8 EL Haferflocken mit 2 EL gemahlenen Mandeln mischen und darübergeben. Butterflöckchen aufsetzen und 2 Minuten unter den Grill setzen. Mit Vanilleeis servieren.

 **Streuseldessert mit Haferflocken und Sommerfrüchten** Den Ofen auf 180 °C vorheizen. 500 g TK-Sommerfrüchte in eine Auflaufform geben und mit 4 EL Zucker bestreuen. Je 100 g Butter und hellen Rübensirup in einem Topf erhitzen, 150 g Haferflocken und 20 g gemahlene Mandeln dazugeben, alles gut verrühren. Die Mischung über das Kompott geben und 25 Minuten im Ofen goldbraun backen. Mit Vanilleeis servieren.

Zitronencreme mit Baiserhaube

Für 4 Personen

abgeriebene Schale und Saft
  von 2 Zitronen
150 g Zucker
2 EL Speisestärke
1 Eigelb
2 Eiweiß
1 TL brauner Zucker

- Den Ofengrill auf 180 ºC vorheizen. Zitronenschale und -saft mit 75 g des Zuckers und 150 ml Wasser aufkochen lassen. Inzwischen 3 EL Wasser in einer hitzebeständigen Schüssel mit der Speisestärke verquirlen, die heiße Flüssigkeit aus dem Topf dazugeben und rühren, bis die Sauce abzubinden beginnt. Das Eigelb einrühren, alles zurück in den Topf geben und unter ständigem Rühren noch 1 Minute kochen. Auf vier Souffléförmchen verteilen.

- Die Eiweiß in einer fettfreien Schüssel steif schlagen. Den restlichen Zucker bei laufendem Mixer löffelweise dazugeben und weiterschlagen, bis der Eischnee sehr steif und glänzend ist.

- Den Eischnee auf die Förmchen geben und mit dem braunen Zucker bestreuen. Auf ein Backblech stellen und im Ofen 1–2 Minuten goldbraun grillen. Sofort servieren.

1 Erdbeerdessert mit Zitrone

8 Baiserhälften in kleine Stücke brechen und in eine Schüssel geben. 300 g Sahne in einer separaten Schüssel steif schlagen. Die Baiserstücke mit 200 g geputzten und halbierten Erdbeeren und 1 TL Zitronenzeste unter die Sahne heben. Auf Glasschälchen verteilen und mit frischen Minzezweigen servieren.

2 Zitronencremetörtchen

Je 125 g Butter (Zimmertemperatur), Zucker und Mehl sowie 1 gestrichenen TL Backpulver mit 2 verquirlten Eiern und der abgeriebenen Schale von 1 Zitrone im Mixer zu einem glatten Teig verarbeiten. Je 1 EL Zitronencreme (Lemon Curd) aus dem Glas oder Tetrapack in vier gefettete Souffléförmchen geben und den Teig darüber verteilen. Mit Klarsichtfolie abdecken und für 1 ½ Minuten auf der höchsten Stufe in der Mikrowelle backen. 1 Minute abkühlen lassen, mit Vanilleeis servieren.

1 Karamellbananen

Für 4 Personen

25 g Butter
50 g brauner Zucker
4 Bananen
8 EL Sahne
Vanilleeis

- Die Butter in einer großen, schweren Pfanne erhitzen und den Zucker darin bei mittlerer Hitze unter Rühren erhitzen, bis er sich aufgelöst hat und die Butter sprudelnd zu kochen beginnt.

- Die Bananen schälen, der Länge nach halbieren, dann nochmals in der Mitte durchschneiden. In die Pfanne geben und bei mittlerer Hitze 3–4 Minuten weich dünsten, dabei gelegentlich wenden. Aus der Pfanne heben und auf vier Dessertschalen verteilen.

- Die Sahne in die Pfanne geben und unter Rühren (mit einem Holzlöffel) erhitzen. Die Sauce über die Bananen gießen und mit Vanilleeis servieren.

2 Bananenpfannkuchen mit Rumrosinen

150 g Pfannkuchenmischung nach Packungsangabe zubereiten. 25 g Butter in einer großen, schweren Pfanne erhitzen mit 50 g braunem Zucker langsam erhitzen, bis er sich aufgelöst hat und die Butter sprudelnd zu kochen beginnt. 4 Bananen schälen, der Länge nach halbieren, dann nochmals in der Mitte durchschneiden. In die Pfanne geben und bei mittlerer Hitze 2–3 Minuten dünsten, dabei gelegentlich wenden. 4 EL Rosinen dazugeben, noch 1 Minute rühren, dann 2 EL Rum dazugießen und flambieren. Die Pfanne vom Herd nehmen und die Flammen langsam erlöschen lassen. Eine kleine Bratpfanne mit Antihaftbeschichtung erhitzen und den Pfannkuchenteig in 4 Portionen bei mittlerer Hitze je ½–1 Minute auf jeder Seite goldbraun backen. Mit den Bananen gefüllt und, wenn gewünscht, mit Eis servieren.

3 Gebackene Bananen mit Honig und Schokolade Den Ofen auf 200 ºC vorheizen. Vier ungeschälte reife Bananen in eine Auflaufform geben und 20 Minuten backen, bis die Schale schwarz ist und die Bananen sehr weich gegart sind. Die Schalen der Länge nach aufschlitzen und den Spalt mit flüssigem Honig beträufeln. 50 g grob gehackte Zartbitterschokolade darüberstreuen, mit Crème fraîche oder Eis servieren.

Schnelles Tiramisu mit Erdbeeren

Für 4–6 Personen

150 ml starker Kaffee, abgekühlt

75 g brauner Zucker

4 EL Kaffeelikör

100 g Löffelbiskuit, halbiert

300 g Vanillepudding aus dem
    Kühlregal oder Tetrapack

250 g Mascarpone

1 TL Vanilleextrakt

125 g Zartbitterschokolade,
    grob gehackt

125 g frische Erdbeeren, geputzt,
    in dünnen Scheiben

Kakaopulver zum Bestäuben

- Kaffee, Zucker und Likör in eine große Schüssel geben. Die Löffelbiskuits eine Weile darin einweichen, dabei gelegentlich wenden. Die eingeweichten Biskuits in eine flache Servierschale geben und die restliche Flüssigkeit darübergießen.

- Die Vanillesauce mit der Mascarpone und Vanilleextrakt glatt rühren, dann die Hälfte davon gleichmäßig über die Löffelbiskuits verteilen und etwas glatt streichen. Die Hälfte der gehackten Schokolade, dann die Erdbeeren darauf verteilen.

- Die restliche Mascarponecreme über die Erdbeeren geben und ein wenig glatt streichen. Die restliche Schokolade darüberstreuen, mit Kakaopulver bestäuben und bis zum Servieren in den Kühlschrank stellen.

Tiramisu mit Kakao

8 halbierte Löffelbiskuits in vier Glasschalen verteilen und etwas andrücken. So viel kalten Kakao darübertröpfeln, wie die Biskuits aufnehmen können, dann je 1 EL Schokoladensauce aus dem Glas in jede Schale geben, gefolgt von einer Kugel Vanilleeis und 1 EL Schlagsahne. Mit gehackter Zartbitterschokolade servieren.

Käsekuchen-Tiramisu

200 g Amaretti in eine Plastiktüte geben, mit einer Kuchenrolle zu Krümeln zerdrücken und in 50 g zerlassener Butter wenden. Die Krümelmischung in den Boden einer Springform (18 cm Ø) geben, leicht andrücken und für ein paar Minuten in den Kühlschrank stellen. 1 EL Kaffepulver in 4 EL heißem Wasser und 2 EL Branntwein in einer großen Schüssel auflösen. 10 Löffelbiskuits kurz hineintauchen und beiseitelegen. 500 g Mascarpone mit 40 g Puderzucker glatt rühren und die Hälfte davon über den Krümelboden streichen. Die Löffelbiskuits darauf verteilen und mit der restlichen Mascarponecreme bestreichen. Bis zum Servieren in den Kühlschrank stellen, dann mit Kakaopulver bestäuben und nach Wunsch Sommerbeerenkompott dazureichen.

Stichwortregister

*Die Seitenzahlen in kursiver Schrift
verweisen auf Fotos.*

Amaretti
246, 278

Ananas
66, 256, *257*

Äpfel
Kartoffelpüreegratin mit
Schweinefleisch und Äpfeln 108
Kompott aus Sommerfrüchten
254
Obst-Crumble 254, *255*
Bratwurst und Zwiebeln 86, *87*
Streuseldesserts 272, *273*

Aprikosen
glasierter Kasseler Braten 92
glasiertes Huhn 100
heißer Brötchenpudding 246
karamellisiert 244
Kichererbsen-Tajine 208
mit Hähnchen und Linsen 100
mit Honig und Masarpone 244
mit Ingwer 232, *233*
mit Zitronencreme und Amaretti
246, *247*
Pfirsich-Baisertörtchen 246

Artischocken
Minipizza 58, *59*

Auberginen
Ciabattatoasties 206
Dips 52, *53*
Gemüse-Balti 216
Gemüse-Dal 216, *217*
Gemüse-Kebab 192, *193*
Kichererbsen-Tajine 208
Pasta und Gemüse 186
Spaghetti mit Tomaten 218

Avocados
64, 130, 176, 196

Baiser
246, 252, 274, *275*

Bananen
Dessert Banoffee 252, *253*
gebacken
mit Schokolade und Honig 276
karamellisiert
mit Kokosmilchreis 260
mit Sahne 276, *277*
mit Schokoladensauce und Eis 250
Pfannkuchen mit Rumrosinen 276

Beeren
Brot-Butter-Pudding 248
Brioche mit Beeren und Schokolade
248, *249*
Käsekuchen 236
Sommerauflauf mit Scones 270
Streuseldesserts 254, 272
Trifle mit Sandkuchen 262
Trifle mit Scones 270
warmer Sandkuchen
mit Kompott 262, *263*
warmes Früchtebrot 248, 249

Birnen
Karamellbirnentörtchen 268
karamellisiert 268
Kompott aus Sommerfrüchten 254
mit Schokosauce 238
Schokokekse 238
Schokostreusel 238, *239*
Tarte Tatin 268, *269*

Biskuit
Biskuitkuchen 264, *265*
Sandkuchen 262, *263*, 264

Blaubeeren
236, 248

Blumenkohl
Gemüse-Biryani 212, *213*
Käsesuppe 56, *57*
Kartoffelcurry 220, *221*
mit Käse 56
mit Spinat überbacken 220
Thai-Curry 182, *183*, 220

Bohnen
Butterbohnen
vegetarische Würstchen
mit Bohnenragout 200
Cannellinibohnen
Eintopf mit Tomaten 200, *201*
Pastasalat mtit Thunfisch 142
grüne Bohnen
Gemüse-Biryani 212, *213*
Thai-Curry mit Blumenkohl 220
gemischte Bohnen
Bohnennudelsuppe 184
Wursteintopf mit Rosmarin 70, *71*
rote Kidneybohnen
Burger mit Tomatensalsa 184, *185*
Quesadillas 196, *197*
Tortilla-Schichttorte mit Käse 184
Schwarzaugenbohnen
Chili 70

Brokkoli
32, 154, *155*

Brot und Brotzubereitungen
Brioche
mit Himbeeren 248
mit Ingweraprikosen 232, *233*
Burger
Hähnchen 68, *69*
Pilze und Käse 98, *99*
Ciabatta
Artischocken-Pizza 58
mit mediterranem Gemüse
206, *207*
mit Thunfisch, Mais und Käse 164
vegetarische Pizza 206
Croutons 56
Foccacia und Pancetta Croutons 26
Ziegenkäsecroutons 38, *39*
French Toast 48, *49*
Naan (indisches Fladenbrot)
mit Dal 224, *225*
Pita
mit Auberginen-Dip 52, *53*
mit Hummus 208
Toast
mit Pilzen Stroganoff 194

Für die englische Ausgabe

Rezepte: Emma Jane Frost
Chefredakteurin: Eleanor Maxfield
Leitende Redakteurin: Sybella Stephens
Lektorat: Jo Richardson
Art-Direktor: Mark Kan
Designkonzept und Layout: www.gradedesign.com
Fotos: Stephen Conroy
Rezepte: Emma Jane Frost
Food-Styling: Isabel de de Cordova
Produktionsleitung: Katherine Hockley